Des Truffes & des Vins

Domaine de Fontgisclar, Draille de Magne
13570 Barbentane

ISBN 2-84135-309-5
ISSN 1276-4416

Laurens DELPECH & Jean-Marie ROCCHIA

Préface de Vincent FERNIOT

Des Truffes & des Vins

La passion du terroir

ÉQUINOXE

Préface

Deux fous ! Voilà comment je qualifierais Jean-Marie Rocchia et Laurens Delpech. Cependant je me dois de calmer vos craintes. Ces deux-là ne sont certainement pas atteints du genre de folie que nous craignons tous, et qui rôde désormais autour de nos civilisations indifférentes : la folie sauvage des conflits ethniques, celle meurtrière des «serial killers» ou encore celle inqualifiable des «fous de Dieu» ; quel que soit d'ailleurs le dieu invoqué. Pourtant, s'émouvoir de l'actualité de cette démence quotidienne, c'est oublier qu'elle fut de tout temps une part obscure de notre histoire depuis l'aube brumeuse de l'humanité. La différence, la bestialité ou Dieu ont trop souvent servi de paravent à la folie destructrice de quelques célèbres «dérangés du bulbe» quand ce n'étaient que leurs desseins ou ceux du Diable qu'ils servaient. De nos jours, les pulsions morbides sont si banalisées, que chaque usager des transports en commun en arrive naturellement à soupçonner son voisin de banquette d'être l'un de ces «fous furieux»... Quand il ne se méfie pas du conducteur de la rame. Mais ici s'arrête heureusement la comparaison. Nos deux fous à nous, ne sont pas frappés de folie furieuse, vous pouvez me croire. La leur est profonde mais très douce, bien ancrée mais respectable, sans espoir de rémission mais si enviable. Cette folie que certains nomment «passion» est la flamme qui vient embraser un temps nos existences monotones et réchauffer nos âmes gelées parfois par trop de matérialisme. Jean-Marie Rocchia et Laurens Delpech sont fous. C'est certain et je ne reviendrai pas dessus. Mais l'un est fou de truffes (du tubercule plus que du bulbe) et l'autre est fou de vin (de la bouteille plus que du carafon). Deux folies bien inoffensives, et dont personnellement j'aimerais voir un plus grand nombre de nos contemporains atteints. Car ce genre de déviance entraîne invariablement le «malade» et ceux qui l'entourent sur la voie du plaisir, et que ce plaisir est une médecine alternative qui guérit sans effets secondaires nos petits bobos du quotidien.

Dans ce livre, Jean-Marie et Laurens nous invitent à partager un peu de leur folie et beaucoup du bonheur de vivre qu'ils prêchent. Ils explorent tour à tour, et de concert, les méandres des accords mets-vins autour d'un des plus grands délices que la Terre puisse offrir : la truffe. Je devrais plutôt parler des truffes que de la truffe, car vous découvrirez au cours de ces pages la grande diversité variétale, qualitative et gustative de ces merveilleux champignons, ainsi que l'étonnante recherche des vins de toutes régions et de toutes couleurs, auxquels on la marierait avec raison. Ce ne sont d'ailleurs que rarement des mariages de raison, mais plutôt des unions passionnelles dans lesquelles les saveurs se repoussent et s'attirent comme dans l'étreinte amoureuse et ultime de deux amants, nés de la même terre pauvre et minérale, sur le point de se quitter. Ce dernier baiser avant de disparaître, en s'abîmant dans nos bouches avides, la truffe et le vin nous en offrent l'augure, allumant le feu d'artifice de nos palais, dansant la valse d'arômes et de goûts intimement liés qui perdure dans notre firmament intérieur après que la musique de nos sens se soit tue.

Sans doute me trouvez-vous un peu emphatique, pensant qu'il ne s'agit après tout que de denrées alimentaires, qui ne justifient pas de telles envolées ! Pour moi si, à condition que le festival pyrotechnique attendu ne soit pas un pétard mouillé. Pour éviter un tel fiasco vous possédez la solution entre vos mains. Laissez-vous aller à ces quelques pages et acceptez de devenir fous comme les auteurs, et comme je le suis moi-même tant leur folie est communicative. Mais il est vrai que pour moi c'est un peu différent. J'étais déjà complètement fou avant. Fou de produits, de cuisine, de bonnes choses, fou de truffe et fou de vin, et par chance ce n'est certainement pas ce livre qui me guérira.

Vincent FERNIOT

A la Poursuite du Diamant Noir

CHAMPIGNON magique et mystérieux, la truffe a connu une histoire mouvementée, fertile en rebondissements. Portée au pinacle de la gastronomie par les Grecs et les Romains, elle sombrera dans l'oubli au Moyen Âge avant de revenir sur le devant de la scène au moment de la Renaissance. Depuis, sa notoriété n'a fait que croître. A l'aube du vingt et unième siècle, la truffe a donc retrouvé le statut qui était le sien vingt siècles auparavant. C'est un retournement de situation, qu'il convient quand même de relativiser, car il ne s'agit pas tout à fait de la même truffe. La truffe des Anciens était la terfez, que l'on trouve aujourd'hui en Afrique du Nord et en Syrie, près de Palmyre, semblable en volume et en forme à notre truffe noire, mais très différente par sa couleur (*la terfez*, aussi appelée «truffe des lions» est jaune très clair ou beige) et surtout par son goût, beaucoup moins puissant, qui évoque un peu, bien que sa chair soit ferme, une sorte de mélange de moelle et de noisette. Mais la terfez comme la truffe noire sont toutes les deux des truffes. Il n'est donc pas abusif d'établir dans le destin de la truffe une continuité historique qui atteint une durée de l'ordre d'une quarantaine de siècles. Ce long compagnonnage avec *l'homo gastronomicus* est un puissant facteur de rapprochement de la truffe et du vin. On sait, en effet que les premiers vins sont apparus à Sumer, à peu près au moment où pour la première fois dans l'histoire de l'humanité le mot «truffe» commençait son existence sous la forme écrite, en sumérien, par l'intermédiaire d'un scribe traçant des caractères cunéiformes sur une tablette d'argile…

La truffe et le vin dans l'Antiquité

Dans l'Antiquité, la truffe s'est imposée comme un mets de haute gastronomie, destiné aux puissants. Le scribe sumérien ne cite la truffe que par ce qu'il énumère les présents ou tributs apportés à son maître et qu'il comptabilise «les couffins de champignon du désert apportés à mon seigneur». L'attrait de la terfez, qui est encore aujourd'hui très appréciée au Moyen-Orient, dans des pays où existe une forte culture gastronomique (Liban, Alep en Syrie, Iran) provient du fait que c'est un étonnant réceptacle d'épices et d'assaisonnements qu'elle met admirablement en valeur. On ne la mange donc pas seule mais toujours accompagnée de viandes, de légumes et d'épices dont elle sublime le goût. La terfez est passive, elle ne s'impose pas par elle-même mais en exaltant la qualité des mets qui l'accompagnent, alors que la truffe noire est active et s'impose au plat qu'elle domine. Ces deux cousines ont un caractère très différent mais un trait commun qui les rapproche infiniment : elles ennoblissent et transforment les préparations culinaires auxquelles elles sont mêlées. Ajoutons que toutes deux, la brune comme la blonde, ont la réputation de favoriser les ébats amoureux[1]...

Les Grecs et les Romains maîtrisaient déjà les techniques de production du vin et -surtout- savaient le faire vieillir dans des amphores, parfois pendant plusieurs dizaines d'années. Le vin le plus célèbre de l'Antiquité était *le falerne*, produit dans la région du Vésuve. Dans tous les banquets d'un peu d'importance on servait, à un moment ou à un autre, du vieux falerne. Les Romains le buvaient coupé d'eau fraîche ou de neige fondue.

1 - *C'est particulièrement vrai pour les sujets (mâles ou femelles), sains, bien constitués et âgés d'environ vingt ans. Pour les autres catégories de population, les recherches continuent.*

La force du falerne rafraîchi par le coupage et la complexité aromatique qu'on lui prête, devait faire merveille avec des plats épicés. L'accord ne devait pas être très éloigné de celui qu'on préconise de nos jours entre le gewurztraminer alsacien et la cuisine exotique...

La parenthèse du Moyen Age

Entre l'effondrement de l'Empire Romain et le début de la Renaissance, on ne parle plus de la truffe, qui disparaît de notre histoire, sinon de nos tables. Ce silence a plusieurs causes.

Nous avons déjà vu que la truffe des Romains, la terfez, importée à grands frais du Moyen-Orient et de Cyrenaïque pour agrémenter les banquets de Lucullus et autres gourmets, était la cousine de la truffe noire mais ne pouvait se confondre avec elle. Or, pendant que Lucullus et ses amis dégustaient leurs ragoûts épicés de terfez en vidant force amphores de falerne, les Gaulois mangeaient déjà des truffes noires. Chasseurs de sangliers, éleveurs de porcs, ils ne pouvaient ignorer l'existence de ce tubercule

avidement recherché par les animaux qu'ils chassaient ou qu'ils élevaient. La truffe représentait pour ces paysans un des rares produits frais d'origine végétale auquel ils pouvaient avoir accès pendant les mois d'hiver. La truffe noire était alors considérée par les riches Romains comme un aliment tout juste bon à nourrir des paysans gaulois et donc comme un mets de catégorie inférieure. L'Église chrétienne du Moyen Âge va reprendre ce jugement à son compte. D'autant que, dans la symbolique et dans la pensée chrétienne, la truffe est un mets qu'il est difficile de valoriser.

D'abord la truffe est noire, comme l'âme d'un damné. Son habitat est situé dans des forêts, en des lieux écartés où les forces du Mal aiment à séjourner, loin des églises et des couvents. La truffe est recherchée et appréciée par le porc, animal impur et luxurieux, qui se nourrit de détritus et de ce qu'il parvient à déterrer. Enfin la truffe pousse sous terre à l'état naturel, alors que selon l'Église, l'homme doit se nourrir des fruits de son travail, comme les produits du blé et de la vigne, par exemple.

Le paradis se mérite et l'homme doit le gagner à la sueur de son front, pour racheter le péché originel. Au Moyen Âge la truffe était donc ostracisée. Elle ne figurait

LES VIGNERONS
Vitrail de l'Histoire de la Vierge, XIIIe siècle

pas sur les tables des rois et des seigneurs. C'était la nourriture clandestine de pauvres paysans, qui la consommaient probablement crue ou cuite sous la cendre, voire en ragoût quand ils avaient de la viande ou qu'ils avaient eu la chance de prendre au collet quelque gibier sans être vus. A cette époque on ne produisait que des vins blancs ou clairets (que nous appellerions rosé), très peu de vin rouge parce qu'il est plus difficile à produire et que le vin ne se gardait pas d'une année sur l'autre, faute de récipient étanche pour le conserver. Le vin clairet était un vin vite fait, sans longue cuvaison, qui laissait des marcs colorés auxquels on ajoutait de l'eau pour obtenir la piquette. C'était la boisson du vigneron ou du paysan qui ne buvaient pas leur vin, mais le vendaient aux aubergistes et aux habitants des villes. Cette piquette était légèrement alcoolisée, et pouvait donc se conserver quelques mois dans un tonneau. Ce n'est pas ce qu'on boirait aujourd'hui, surtout sur une truffe sous la cendre, mais nos ancêtre devaient déjà apprécier de pouvoir boire autre chose que de l'eau, en cette occasion comme en bien d'autres.

A la fin du Moyen Age, des premiers signes montrent que la truffe va bientôt sortir d'une longue période de purgatoire. Elle commence à faire son apparition sur les tables royales : en 1385, elle figure au menu du mariage de Charles VI avec Isabeau de Bavière. La transformation des esprits et des comportements a commencé, la Renaissance est déjà là.

S^T VINCENT, PATRON DES VIGNERONS
ORAISON.
SEIGNEUR, sanctifiez et gardez votre peuple, et faites qu'étant aidé par l'assistance de ce grand Saint, il vous soit agréable par le réglement de sa vie, et qu'il vous serve dans la tranquillité d'une sainte confiance. Amen.
De la Fabrique de PELLERIN, Imprimeur-Libraire, à EPINAL.

La Renaissance ou la résurrection de la truffe

L'introduction de la truffe dans la haute gastronomie française a vraiment commencé avec François Ier. Retenu prisonnier en Espagne après la malheureuse affaire de Pavie, le roi de France était très correctement nourri par ses geôliers, qui s'ingénièrent à lui préparer tout au long de l'année plusieurs plats de truffes, des terfes, mais aussi de nos truffes, *tuber aestvium* et *tuber melanosporum* que l'on trouve dans certaines régions d'Espagne. François Ier raffola des truffes et imposa ensuite son goût à la Cour de Chambord. Etant un des rares acteurs importants de l'histoire à avoir consommé successivement des terfes et de la truffe noire, François Ier, qu'on a appelé le «Parmentier de la Truffe» représente en quelque sorte le chaînon manquant dans l'histoire de la truffe, la synthèse entre l'Antiquité et les temps modernes. Depuis François Ier, la truffe règne comme un astre noir au firmament de notre gastronomie. Elle ne quittera plus les tables royales ou celles des puissants du jour.

Résidant souvent dans des châteaux du bord de Loire ou à Paris, les rois de France buvaient avec leur truffe les vins des coteaux parisiens ainsi que ceux de l'Orléanais, alors très réputés, et ceux de Chinon. Les rois buvaient aussi des vins de «Gascogne» (Bordeaux) , qui arrivaient par la mer, à Nantes. Les préparations des grands banquets royaux étaient toutes à base de vin : vin de Loire pour les marinades de poisson, vin de Gascogne pour les potages, vins blancs divers pour les gelées… Les vins de l'époque restaient pour l'essentiel des vins blancs et des clairets. Dans le meilleur des cas, les truffes étaient accompagnées par les vins ayant servi à leur préparation.

La saga de la truffe va prendre des proportions inattendues avec les rois Bourbons. Le premier d'entre eux, Henri IV aurait été conçu àaprès un régime à base de salades de truffes suivi par sa mère. Peu portée sur la chose, Jeanne d'Albret avait en effet entrepris de ranimer ainsi ses ardeurs pour se préparer aux étreintes de son mari Antoine de Bourbon, duc de Vendôme.

Les Bourbons et la truffe

Henri IV est plus connu pour son amour immodéré de l'ail que pour son goût pour la truffe, mais Marie de Médicis, en bonne italienne, adorait la truffe blanche du Piémont. Leur fils, Louis XIII fut un grand mangeur de truffes. Il dégustait de la *tuber uncinatum* mais aussi de la *tuber melanosporum* de Provence, conservées dans des bocaux d'huile d'olive. Toutefois son appétit n'était rien en comparaison de celui de Louis XIV. La Princesse Palatine nous décrit ainsi ses repas :

«J'ai vu le roi manger, et cela très souvent, quatre assiettes de différentes soupes, un faisan tout entier, une perdrix, une grande assiette pleine de salade, du mouton coupé dans son jus avec de l'ail, deux bons morceaux de jambon, une assiette pleine de pâtisseries, et des fruits et des confitures».

Et Saint-Simon confirme :

«Appétit, jamais n'en avait manqué de sa vie, sans avoir jamais eu faim ni besoin de manger, quelque tard que les hasards l'eussent fait dîner quelques fois. Mais, aux premières cuillerées de potage, l'appétit s'ouvrait toujours et il mangeait si prodigieusement et si solidement soir et matin, et si également encore qu'on ne s'habituait pas à le voir».

Comme son père, Louis XIV adorait les truffes, il en mangeait avec des plats de viande (volailles truffées), des pâtés en croûte, des ris de veau...mais aussi avec des poissons et du gibier d'eau pendant la période du carême ou tout simplement en hors-d'œuvre ou en légume d'accompagnement. Il en mangeait tellement qu'il en avait des indigestions et que son médecin dût les lui interdire. Louis XIV buvait surtout du vin de Champagne, un vin rouge et tranquille le fameux vin d'Aÿ, dont certains vins rouges des coteaux champenois, comme la «Côte aux Enfants» de la maison Bollinger peuvent donner une idée : des vins de pinot noir, fins et aromatiques, avec des arômes de framboise et de griotte. Le roi en but jusqu'en 1693. Cette année-là, son médecin, Fagon, lui interdit le vin de champagne qu'il lui fit remplacer par du bourgogne. Fagon attribuait en effet au champagne les crises de goutte du roi. En toute impartialité, la quantité et la diversité des mets engloutis, l'abondance des viandes, des pâtés et des gibiers auraient fini par provoquer une crise de goutte chez n'importe qui sans qu'il soit besoin de mettre le vin en cause...

Les représentants de la branche cadette des Bourbons n'avaient pas moins d'appétit que ceux de la branche aînée. Les soupers du duc d'Orléans – le Régent - étaient restés célèbres dans l'histoire. Les truffes y sont servies avec abondance, par goût et aussi par ce qu'elles ont la réputation d'être un mets aphrodisiaque.

Pour la première fois, elles furent accompagnées de vin de Champagne blanc effervescent, lointain cousin de notre champagne actuel. Les progrès de la technologie du verre ont permis de créer des bouteilles assez solides pour résister à la pression des bulles, pour le plus grand plaisir des actrices et des princesses court-vêtues, qui sont (avec les truffes) le principal ornement de ces soupers fins. Louis XV découvrit la truffe dès son plus jeune âge : enfant, il s'amusait à caver dans le parc de La Muette avec un petit chien truffier qu'on lui avait offert. On peut supposer que des instructions étaient données à des laquais d'aller enterrer de belles truffes dans des lieux d'accès facile, quelques heures avant que la chasse royale ne commence... Adulte, il continuera à pratiquer assidûment la truffe et ne dédaignait pas, imitant en cela le Régent, de la cuisiner lors de petits dîners fins entre intimes où chacun mettait la main à la pâte. Le duc de Richelieu, qui était gouverneur de Guyenne, lui fit connaître les vins de Bordeaux, les Lafite, les Haut-Brion que s'arrachaient les riches Anglais. Le roi appréciait ces vins, mais jusqu'à la Révolution, les Bourbons ont surtout beaucoup consommé de champagne et de bourgogne.

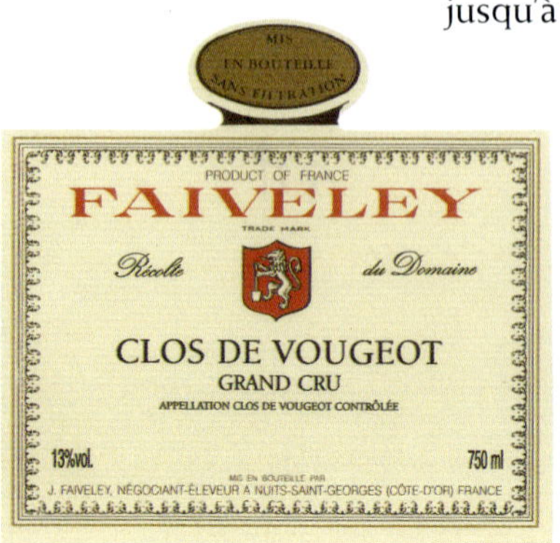

En 1784, quand Louis XVI reçevait le roi de Suède au Petit Trianon, il donnait en son honneur un dîner qui ne comptait pas moins de cent quatre-vingt plats de viandes, volailles et gibiers différents. Parmi ces plats, des cailles et des pigeons truffés, accompagnés de vins de Volnay, de Romanée et du Clos de Vougeot, qui avait à l'époque une immense réputation.

Cuvée de la Truffe
du Richelais
12 % vol.
750 ml
APPELLATION
Mis en bouteille par
№ 00113
Frédéric DELALANDE, Prop.-Vitic., “Les Marais” - 37420 HUISMES
PRODUCT OF FRANCE
Lot N°1
S.A.R.L. IMP. MORON - CHINON

La truffe au dix-neuvième siècle

Le dix-neuvième fut un grand siècle pour la truffe, non par ce qu'il fut inauguré par Napoléon, médiocre gastronome, mais, d'abord, par ce que le bilan de la Révolution et de l'Empire fut plutôt favorable au développement de la consommation de la truffe. La redistribution de richesses générées par la vente des biens nationaux, la suppression des corporations et la libéralisation de l'industrie et du commerce, l'institution du Code Civil et ses dispositions en terme de propriété et d'héritage, ont eu comme conséquence de favoriser le développement en France d'une vaste classe moyenne. Parvenue au pouvoir, celle-ci a tenté de copier du mieux qu'elle le pouvait les fastes gastronomiques de l'Ancien Régime, dont l'écho était resté vivace dans la population : la France n'a jamais reproché aux Bourbons leur appétit ni leurs dépenses de table. Ensuite, la technique a suivi l'évolution des mœurs et des choses. Au moment même où le vivier potentiel des consommateurs de truffes augmentait, les premières truffières artificielles voyaient le jour (dès 1810, en Provence) permettant à la production du diamant noir de faire un nouveau bond en avant. À la fin du siècle, ces truffières, constituées de plantations de chênes, atteignaient une superficie proche de 80 000 hectares, en Provence et dans le Périgord. Elles produisaient des centaines de tonnes de truffes, plusieurs dizaines de fois la production actuelle.

Les mœurs gastronomiques ont, aussi, pendant la même période subi une évolution qui a favorisé la consommation de la truffe. La Révolution a jeté sur le pavé de Paris des dizaines de cuisiniers, autrefois employés par la Cour ou par la noblesse, qui, se retrouvant sans ressource, créèrent les premiers grands restaurants. Un public élargi eut ainsi accès aux charmes de la haute gastronomie, laquelle faisait la part belle aux truffes.

Enfin, l'évolution des mœurs, la raréfaction du personnel de service, eurent pour conséquence la substitution du service à la russe au service à la française, lequel consistait à proposer simultanément la quasi totalité des plats d'un repas. On finissait ainsi par manger tiède, sinon froid, et les meilleurs plats étaient comme égarés dans une formidable profusion de mets, dont l'apparence avait parfois plus d'importance que le goût. Le service à la russe, au cours duquel les plats chauds sont servis les uns après les autres, s'est généralisé au dix-neuvième. Outre un plus grand confort, il permet également d'orchestrer tout un repas autour d'un «point d'orgue» qui est souvent une préparation à base de truffes.

La chasse aux truffes.

CABINET
PARTICULIER

Les romanciers du dix-neuvième ont bien rendu compte de cette évolution des mœurs. Balzac met en scène dans son œuvre les grands restaurants de Paris, comme le Rocher de Cancale, célèbre par sa cave et ses gibiers truffés. Son éditeur raconte que, l'ayant invité au restaurant, il l'a vu manger un cent d'huîtres d'Ostende, douze côtelettes de pré salé, un caneton au navet, une paire de perdreaux rôtis et une sole normande, sans parler des fruits et des desserts...Un gastronome aussi actif ne pouvait qu'aimer la truffe, qu'il cite souvent dans son œuvre : c'est un pâté de foie gras de Strasbourg truffé qui causera la mort par indigestion de Rouget, un des plus fins gourmets de la Comédie Humaine...

Zola, pour sa part, décrit minutieusement les fastes culinaires des Rougon-Macquart ; il dépeint des tables luxueuses où «le vieux bordeaux luisait comme un sang vermeil dans le fin cristal des verres, un filet de chevreuil aux truffes venait de mêler son fumet un peu âpre au parfum mourant des roses...». Une des nouveautés gastronomiques du dix-neuvième siècle, c'est en effet l'apparition sur les grandes tables des bordeaux aux côtés du champagne et du bourgogne : le château-lafite vient concurrencer le clos-vougeot et le chambertin au paradis des gourmets...

Truffes et vins aujourd'hui

Les pertes de la guerre de 14-18 parmi la population paysanne ont eu des effets néfastes sur la trufficulture. Bien des truffières seront laissées à l'abandon et retourneront à l'état sauvage. En 1940, la France produit moitié moins de truffes qu'en 1914. Les grands vins connaissent un sort comparable : les propriétés se remettaient à peine de la grande guerre quand elles sont durement touchées par la crise de 1929 et la prohibition aux Etats-Unis. Entre 1930 et le début des années soixante, presque toutes les grandes propriétés du Médoc sont à vendre pour une bouchée de pain. Les meilleurs et les plus entreprenants des vignerons de Bourgogne tentent de développer la vente directe pour échapper à la tyrannie du négoce qui les étrangle.

Le sursaut commence au début des années soixante-dix. Il accompagne la montée en puissance d'une période de prospérité qui verra un net accroissement de la richesse mondiale, facteur toujours favorable pour les truffes et les grands vins. Les restaurants proposent de nouvelles recettes, ou redécouvrent des recettes anciennes. L'omelette aux truffes, bien baveuse, chère au caveur provençal ou périgourdin, cède la place aux ravioles, aux salades, aux noix de Saint-Jacques et bien d'autres mets raffinés où la truffe tient le rôle principal. Les propriétés viticoles se transforment, investissent dans les vignes et dans les chais, des œnologues diffusent leur science dans toutes les appellations. En Provence, dans le Périgord, le Languedoc, les Pays de la Loire, en Bourgogne, les plantations reprennent et de nouvelles truffières voient le jour.

La truffe a toujours gardé une teinte de son origine modeste. Elle est appréciée et dégustée aux deux extrémités de l'échelle sociale, par ceux qui la trouvent, comme par ceux qui la consomment en ville. Aucun autre produit de grand luxe ne connaît cette consommation duale. Le paysan ou le retraité provençal qui déguste sa truffe ne l'accompagne pas de château-petrus ou de romanée-conti...

Un châteauneuf-du-pape, un gigondas, voire un bon côtes-du-lubéron font parfaitement l'affaire. En même temps, le monde de la gastronomie et du vin a changé. Si les qualités des grands crus ne sont pas remises en cause, l'amateur éclairé aime partir à la découverte de vins peu connus ; le prix, la rareté et la tradition ne sont plus les seuls critères du choix. Les accords mets-vins s'affûtent et se raffinent et de nouvelles générations aiment bien sortir des sentiers battus pour expérimenter des accords parfois paradoxaux. Boire un bon corbières avec une brouillade aux truffes ne choque personne. C'est la diversité et le génie des terroirs français, tant truffiers que viticoles, de permettre cette multiplicité d'essais et d'accords. C'est ce champ infini que nous allons tenter d'explorer, armés de quelques principes simples. Mais avant de nous lancer dans cette aventure, le maître Jean-Marie Rocchia, grand rabassier devant l'Eternel, infatigable et talentueux compagnon de route de la littérature truffière, va éclairer notre savoir en nous faisant mieux connaître les différentes espèces de truffes et en traçant à grands traits la carte des bassins trufficoles que nous allons parcourir.

Des Truffes en Général

LES TRUFFES sont des champignons souterrains (ou hypogés) formant le genre Tuber, de la famille des tuberaceae et de l'ordre des tubérales. Le genre Tuber compte, rien qu'en Europe, une trentaine d'espèces différentes. À l'échelle de la planète, ce nombre pourrait dépasser la soixantaine. Il est même envisageable que certaines restent encore à découvrir.

Les truffes sont des ascomycètes, ce qui signifie que leurs spores visibles à l'aide d'un microscope sont contenues dans un petit sac transparent appelé asque. La forme des spores, leur ornementation, leur nombre par asque sont des critères très intéressants pour déterminer l'espèce ; ils sont même indispensables aux services de la répression des fraudes pour confondre les vendeurs et les conserveurs indélicats.

Les truffes sont des champignons mycorhiziens, c'est-à-dire qu'elles ne peuvent survivre qu'en s'associant intimement aux racines d'un végétal et ce au bénéfice des deux parties. L'arbre fournit au champignon les sucres qui lui sont indispensables et reçoit en échange une aide pour l'assimilation du phosphore. Ce phénomène, appelé symbiose, n'est pas rare dans la nature. Tout chercheur de champignons sait qu'il trouvera les cèpes au pied des châtaigniers ou des chênes, et les lactaires sanguins au pied des pins. Par contre, il constatera que les morilles (champignons non mycorhiziens) peuvent se récolter parfois en abondance sur un tas de détritus, loin des racines de toute autre forme de vie végétale.

Les truffes telles que nous les connaissons, c'est-à-dire celles qu'on peut voir tous les hivers à l'étal des boutiques gastronomiques de luxe, ne sont que les fruits d'un appareil végétatif invisible (deux microns d'épaisseur) qui tisse dans le sol un réseau de plusieurs kilomètres de long : le mycélium. À l'endroit où ce mycélium est en rapport avec l'extrémité des radicelles de l'arbre, on peut observer une mycorhize. C'est une petite formation de la forme d'un minuscule doigt de gant, de deux ou trois millimètres de long, donc visible à l'œil nu pour ceux qui ont une bonne vue, ou à l'aide d'une loupe pour les autres. Les arbres qui se portent bien sont en général mycorhizés par de nombreuses espèces de champignons, qu'ils soient souterrains ou pas. C'est la raison pour laquelle un chêne qui produisait des truffes continue de prospérer lorsque celles-ci disparaissent. D'autres champignons mycorhiziens prennent le relais. Par contre, la production de truffes s'arrête immédiatement si le chêne meurt.

Des différentes espèces de truffes

Créatures de la nuit, les truffes sont loin de nous émerveiller par la magnificence de leurs couleurs ou la variété infinie de leurs formes, comme c'est le cas pour bien des champignons aériens (ou épigés). Elles sont souvent de couleurs ternes, blanches, noires, grises, rougeâtres. Leurs formes sont généralement globuleuses ou sub-globuleuses. Quelques-unes, comme la truffe mésentérique, ont la particularité de présenter une fossette. Leur écorce (péridium) peut être lisse ou verruqueuse. La chair (gleba) présente toujours une partie blanche stérile et une partie plus ou moins foncée qui contient les spores. Enfin, elles sont, à l'état frais, fermes au toucher et à la pression.

Ce livre se voulant un modeste manuel sur l'art et la manière de bien déguster les truffes,nous épargnerons au lecteur de longues descriptions sur la morphologie des carpophores[2] et les caractéristiques microscopiques des spores des espèces européennes. Une norme, enfantée dans la douleur et après une longue gestation par Chevalier et Riausset, limite à neuf espèces les truffes qui peuvent être vendues et bien sûr consommées.

2 - *Carpophore : c'est le fruit du mycélium du champignon, c'est-à-dire le champignon lui-même tel qu'on le connaît populairement.*

À savoir :

- **Tuber melanosporum** (ou truffe dite du Périgord),
- **Tuber magnatum** (ou truffe blanche du Piémont),
- **Tuber aestivum** (ou truffe d'été, truffe de la Saint-Jean),
- **Tuber uncinatum** (ou truffe de Bourgogne),
- **Tuber indicum** (ou truffe de Chine),
- **Tuber mesentericum** (ou truffe mésentérique),
- **Tuber macrosporum** (ou truffe aux grosses spores),
- **Tuber borchii** (ou albidum),
- **Tuber brumale** (ou truffe musquée).

Il faut noter tout de suite que deux espèces ne se récoltent pas sur le territoire français. Il s'agit de la prestigieuse truffe blanche du Piémont (Tuber magnatum), qu'on ne rencontre pratiquement qu'en Italie, et de la truffe chinoise (Tuber indicum) qui, Dieu merci, n'a jamais été trouvée en Europe.

De l'avis même des plus fins gastronomes du monde entier, trois espèces se détachent nettement du peloton : la truffe blanche du Piémont, la truffe du Périgord et la truffe de Bourgogne.

La truffe blanche du Piémont (Tuber magnatum)

Elle se récolte pendant les mois d'octobre, novembre et même décembre selon les années. Les arbres producteurs sont le chêne, le saule, le noisetier et surtout le peuplier. Comme la plupart des autres truffes, elle se présente comme un plus ou moins gros tubercule à la peau (péridium) lisse d'un blanc sale. Elle ressemble un peu à un foie gras d'oie frais. Son parfum d'une puissance extraordinaire est indescriptible.

Toutes les tentatives pour la cultiver n'ont donné, jusqu'à plus ample informé, que de piètres résultats. Il y a là quelque chose de fascinant. Les scientifiques parviennent à envoyer au fin fond du système solaire un petit véhicule en mécano faire du slalom entre les cailloux martiens, mais personne n'arrive à faire pousser à volonté un simple champignon sous dix centimètres de terre. Les Italiens sont ainsi contraints de la rechercher en milieu naturel. Son prix présente la fâcheuse tendance à grimper au fil des années d'une façon déraisonnable. Pendant l'automne 1998, le chercheur de truffes italien pouvait, avec la vente de 5 kg de truffes blanches du Piémont, s'acheter une voiture neuve ; de petite cylindrée, il est vrai.

En Italie, les truffes sont considérées comme *res nullius*, c'est-à-dire appartenant à qui les trouve. Prix excessifs, récolte en forêt non contrôlée, la concurrence entre les chercheurs se fait sauvage. On s'empoisonne les chiens, on va creuser au hasard à la pioche, de nuit, et les truffières surexploitées s'épuisent rapidement. Donc la production diminue. Donc les prix flambent encore un peu plus et

l'avenir s'annonce sombre. Il se passe pour cette truffe ce qui s'est passé avec la vente des défenses d'éléphants, quand on a frôlé l'extinction de l'espèce.
Dans les restaurants, la truffe blanche du Piémont a tendance à se voir employée plutôt comme condiment que comme aliment à part entière. Elle est débitée en très fines lamelles sur le rizotto ou les pâtes à l'aide d'un petit rabot appelé mandoline. Surprise pour le gourmet : la truffe est pesée, servie, puis pesée à nouveau afin de connaître le poids exact à facturer. Et avec une balance sensible au gramme près, s'il vous plaît ! Au train où vont les choses, l'usage généralisé du trébuchet ne devrait pas tarder. En attendant, on ne compte déjà plus le nombre de digestions contrariées par la simple présentation de l'addition.

La truffe de Bourgogne (*Tuber uncinatum*) *et la truffe d'été* (*Tuber aestivum*)

La truffe de Bourgogne est une truffe dont le territoire de production est très étendu en Europe. Selon G. Chevalier et H. Frochot, elle est présente dans de nombreux pays.

En France, elle est surtout récoltée en Dauphiné, Savoie, Bourgogne, Champagne, Franche-Comté, Jura, Bresse, Bassin parisien, Normandie, Poitou-Charente, Aisne et Auvergne. Elle ne se limite pas au territoire national. On la récolte également en Italie, Allemagne, Suisse, Espagne, Scandinavie, Belgique, Hongrie, Sud de l'Angleterre, Yougoslavie et dans différents pays de l'Europe de l'Est.

Sa période de production est sensiblement la même que pour *Tuber magnatum* ou truffe blanche du Piémont : octobre, novembre et décembre. Les arbres au pied desquels on la trouve sont surtout les chênes, les charmes, les noisetiers.

Elle est généralement de taille modeste. Les exemplaires dépassant les 200 grammes sont rares, tout au moins en milieu naturel. Sa forme est peut-être la moins compliquée de toutes les truffes ou, si l'on préfère, c'est celle qui est le plus souvent bien ronde. Son écorce (péridium) est classiquement décrite comme recouverte de grosses verrues. Ce n'est pas toujours le cas et il n'est pas rare d'en rencontrer avec des verrues d'une taille identique à celle de la truffe dite du Périgord.

À la coupe, sa chair (gleba) est de couleur chocolat, signe d'une parfaite maturité. Son parfum est très agréable. Peut-être un peu moins chaud et sucré que celui de la truffe dite du Périgord. Comme pour les autres espèces de truffes, il faut renoncer une fois pour toutes à tenter de le décrire.
Se trouvant bien souvent à une faible profondeur, elle peut être gelée, ce qui lui fait perdre une grande partie de ses qualités organoleptiques. Là encore, la coupe est révélatrice. Comme pour les autres truffes, on ne voit plus un marbré comportant une partie blanche et une partie colorée, mais une teinte foncée uniforme. Une truffe gelée, et ce quelle qu'en soit l'espèce, perd beaucoup de sa saveur. Son parfum s'en trouve dénaturé et il est impératif de la consommer très vite ou de la rejeter sans hésitation si elle sent mauvais.
Plus souvent que d'autres, la truffe de Bourgogne peut être en partie entamée par les limaces ou des petits rongeurs. Cela ne nuit en rien à ses qualités odorantes et gustatives, mais diminue son prix. Aux radins de tout bord d'en prendre note. Il en est bien sûr de même pour les truffes cassées accidentellement lors du cavage[3].
Pendant de trop longues décennies, cette truffe a été récoltée à la pioche, et au hasard. Cette pratique destructrice a causé beaucoup de tort aux truffières naturelles. Actuellement, de nombreux groupes de producteurs ont décidé de lutter par tous les moyens contre de telles pratiques. Ils ont appris à leurs membres l'art de dresser les chiens et ont entrepris des plantations dont le succès a de quoi rassurer les amateurs (dont je fais partie) de cette excellente truffe.
Argument qui a son importance : le prix de *Tuber uncinatum* est généralement deux fois moins élevé que celui de *Tuber melanosporum* (truffe du Périgord).

3 - *Cavage : c'est l'action de creuser la terre pour en extraire les truffes, de quelque espèce qu'elles soient.*

Le lecteur aura remarqué que nous avons associé en tête de chapitre *Tuber uncinatum* à *Tuber aestivum*. Il y a là une raison : ces deux truffes présentent des caractères communs qui peuvent être à l'origine de bien des malentendus. Mais tout d'abord, appartiennent-elles à la même espèce ou font-elles partie de deux espèces différentes ? Répondre à cette question impose une définition du mot «espèce», chose moins évidente qu'il n'y paraît.

Au temps de ma jeunesse folle, il y a des siècles de cela, alors que je travaillais à préparer mon PCB (certificat de physique, chimie et biologie), la notion d'espèce se caractérisait essentiellement par deux critères : le critère de similitude et le critère génétique. Pour simplifier, appartenaient à la même espèce des individus qui se ressemblaient et pouvaient, après s'être accouplés, donner une descendance

elle-même féconde. On voit tout de suite l'ambiguïté du critère de similitude. Considérons un chien yorkshire et une chienne disons de race dogue allemand. Il nous faut bien admettre que la similitude entre les deux sujets de l'expérience n'est pas aveuglante. Pourtant, si nous les laissons cohabiter quelque temps, nous aurons la surprise, toute relative, de contempler un peu plus tard une portée de chiots, peut-être pas forcément ravissants, mais dont l'activité mordilleuse aura tôt fait de convaincre le plus sceptique de leur solide réalité et, par là même, de la positivité du critère génétique. Signalons au passage que les difficultés inhérentes aux amours des deux sujets de l'expérience nécessiteront probablement l'aide d'un opérateur, mais ceci

est un détail technique qui n'est pas à prendre en compte pour la validité du résultat. L'important est par contre d'avoir prouvé que le chien yorkshire et la chienne de race dogue allemand appartiennent bien à la même espèce, quand bien même leur aspect extérieur aurait pu conduire à penser le contraire.

Exemple inverse : l'ascaris du cheval (ver parasite de l'intestin) et celui de l'homme, en tous points semblables à première vue, ne feront jamais de petits ensemble quel que soit le mal que vous pourrez vous donner. Ils se refusent même à hanter un autre intestin que celui dont ils sont les hôtes habituels. On voit donc que le critère génétique est quand même plus sérieux que celui de la similitude.

Mais revenons-en à nos truffes d'été et nos truffes de Bourgogne. Soyons francs : elles se ressemblent énormément à première vue. Comme pour la truffe de Bourgogne, l'écorce (péridium) de la truffe d'été est noire, très souvent couverte de grosses verrues et, comme pour elle, il existe des exemplaires dont les verrues sont plus petites. Toutes deux sont généralement de forme arrondie. Toutes deux sont bien souvent peu profondes. Toutes deux ont des spores alvéolées, c'est-à-dire dont la surface présente des alvéoles en nid d'abeilles, et seul un examen attentif au microscope laisse apercevoir quelques très légères différences. Par contre, la truffe d'été connaît une époque de production plus précoce. Il n'est pas rare d'en récolter début mars dans les parties méridionales de l'Europe. À la coupe, sa chair (gleba) est blanche et le marbré est par là même inexistant. Son odeur et son goût sont sans grand intérêt.

En Provence, on l'appelle *maïenque* lorsqu'on la récolte en mai, *juanenque* en juin et *avoustenque* en août. On la récolte aussi en juillet mais on a omis de lui donner un nom. Elle est peu appréciée des gourmets et, jusqu'à une date récente, elle servait surtout à enrichir les conserveurs malhonnêtes qui la coloraient en noir et la faisaient passer, une fois mise en bocaux et stérilisée, pour des truffes dites du Périgord *(Tuber melanosporum)*.

Mais le temps passe et il se produit un phénomène bizarre. Cette truffe, ou plutôt sa récolte remonte vers le Nord ou en altitude. Parallèlement, la couleur de la gleba s'accentue. Son parfum et son goût s'améliorent. La truffe d'été se transforme en truffe de Bourgogne et atteint la perfection dès le mois d'octobre.

En Bourgogne bien sûr, mais pas uniquement. Il m'est arrivé d'en trouver, de temps en temps et de délicieuses, dans le Vaucluse juste avant Noël !

Cette progression de la banalité organoleptique vers la perfection est troublante. S'agit-il de la même espèce ou de deux espèces différentes ? Cette question qui a fait passer bien des nuits blanches aux taxonomistes des hypogés[4] est loin d'être réglée. L'école italienne[5] par exemple considère qu'il s'agit de la même espèce, ce qui, soit dit en passant, présente un petit côté amusant. Les Transalpins récoltent ainsi des truffes d'été *(Tuber aestivum)* en plein mois de novembre par un froid

4 - *Taxonomiste des hypogées : spécialiste dans la classification des champignons souterrains.*
5 - *Voir Montecchi et Lazzari : Funghi ipogei.*

glacial sans être autrement gênés par l'aspect paradoxal de la chose. En France, Chevalier et Frochot, dans leur magistral ouvrage *La Truffe de Bourgogne*, aux éditions Pétrarque (dont je me permets de conseiller l'achat, toutes affaires cessantes, à ceux qui se montreraient intéressés par le sujet), auraient démontré grâce à l'électrophorèse qu'il s'agirait bien de deux espèces différentes. Ne comptez pas sur moi pour les contrarier !

Arrivé à ce stade, le lecteur agacé se posera probablement la question suivante : «Puisque les critères de similitude ne sont pas d'une efficacité incontestable, pourquoi ne pas faire appel aux critères génétiques ? Pourquoi ne pas tenter la même expérience que celle relatée plus haut avec le chien yorkshire et la chienne de race dogue allemand ? Enterrons au pied d'un chêne une séduisante truffe d'été, déposons à ses côtés une vigoureuse truffe de Bourgogne, recouvrons pudiquement les deux de quelques pelletées de terre afin de ménager une intimité propre aux ébats amoureux et revenons vérifier quelques mois plus tard si l'expérience connaît une fin heureuse.» Le lecteur gagnera du temps et de l'argent en se dispensant de procéder à une telle expérience. La sexualité des champignons obéit à des règles compliquées encore imparfaitement connues. Ce qui se vérifie aisément avec des chiens est loin, très loin d'être transposable aux truffes. Le critère génétique est donc inapplicable, tout au moins pour l'instant.

La conclusion du chapitre sur la notion d'espèce de mon livre de biologie disait à l'époque que «la notion d'espèce n'est en fin de compte qu'une question de convention». Il en est peut-être toujours ainsi.

Par contre, pour ce qui concerne le gastronome exigeant, le gourmet averti, le tuberomane confirmé, pas d'hésitation : seule la remarquable truffe de Bourgogne est digne de siéger dans son assiette, de figurer à son menu et apte à combler de bonheur ses papilles gustatives. Pour ce faire, il la consommera en saison, fraîche, de bonne venue et aussi peu cuite que possible. Il s'emploiera à l'accompagner de vins adéquats comme nous le verrons plus loin.

Tuber melanosporum, alias truffe du Périgord, rabasse en provençal

Avertissement aux lecteurs

Par un beau matin de 1992, je trouvais dans ma boîte aux lettres un message émanant des éditions Barthélemy. On me proposait d'écrire un livre sur la truffe et plus particulièrement sur la truffe de Provence, que nous appelons chez nous rabasse. Je me précipitais sur mon téléphone et déclarais à Alain Barthélemy, le patron des éditions du même nom, que j'étais désolé de décliner son offre. Suivirent toutes les excuses que je pus improviser pour justifier en réalité ma paresse naturelle : trop de travail en ce moment à mon cabinet – je suis chirurgien-dentiste – et incompétence totale sur le plan littéraire. Je lui précisais même que le dernier texte d'importance que j'avais commis datait de plus d'un quart de siècle. C'était ma dissertation du bac pour laquelle j'avais obtenu un piteux 8 sur 20... Et encore, il paraît que l'examinateur était réputé indulgent. Bref, je raccrochais et, la journée terminée, je rentrais chez moi. Pendant le repas, je racontais toute l'histoire à ma famille et me vantais de l'avoir échappé belle. C'est alors que ma fille me foudroya du regard et me déclara, avec cette cruauté innocente propre à tous les enfants : «Tu as encore fait une belle sottise ! Un de ces jours,

tu vas passer l'arme à gauche et je n'aurai jamais le plaisir de dire à tes petits-enfants, en leur montrant le bibliothèque du doigt : vous voyez ce livre, là-haut sur le quatrième rayon, eh bien c'est votre papy qui l'a écrit quand vous n'étiez pas encore nés. Tu as raté l'occasion de gagner une parcelle d'éternité !» Elle avait raison. Je téléphonais le lendemain à Alain Barthélemy et lui dis que j'étais d'accord. Neuf mois plus tard, paraissait *Des truffes en général et de la rabasse en particulier* qui, bénéficiant d'une période particulièrement creuse en matière de littérature trufficole, devait dépasser les 15 000 exemplaires vendus dans les années suivantes et être récompensé de deux prix littéraires, dont l'un international.

Je n'ai jamais eu la prétention de croire, ni le culot de faire croire que le succès honorable de l'ouvrage était dû aux qualités littéraires et scientifiques du texte. Par contre, j'accepte volontiers les compliments pour avoir profané quelques tabous, comme la pratique de la conservation des truffes par la double ébullition, et dévoilé quelques secrets, comme le dressage du chien truffier.

Un peu plus tard, j'écrivis un petit roman essentiellement axé sur le braconnage des truffes, comme il se pratique un peu partout en France mais avec un brio

exceptionnel en Provence. Il s'agissait de Le Maire, les Truffes et le Parisien, qui a fait s'esclaffer de rire des légions de rabassiers. Enfin, j'ai écrit avec Gérard Rossini un petit livre fort bien présenté et abondamment illustré : Petite Anthologie culinaire de la truffe. Recettes... et dépenses, aux éditions Équinoxe. Je ne suis pas trop mécontent de mon prologue «sur l'art et la manière de se procurer des truffes en évitant autant que possible de se faire avoir».
Arrivé à ce stade, le lecteur doit se demander pourquoi je m'étends sur les ouvrages que j'ai écrits en totalité ou en partie. La réponse est simple, toute simple : je dois maintenant présenter la légendaire truffe noire, dite (un peu abusivement) du Périgord, alias la rabasse et, après y avoir déjà consacré trois ouvrages, j'ai bien peur d'avoir en grande partie vidé mon sac et d'être obligé de me répéter un peu.
Je prie donc d'accepter, ami lecteur, mes excuses anticipées et sollicite humblement des trésors d'indulgence.

La truffe du Périgord (*Tuber melanosporum*) se récoltait jusqu'à présent dans trois pays : la France, l'Espagne et l'Italie. Depuis quelques temps, et ce au grand dam des producteurs européens, d'autres nations sont entrées dans la danse. Il s'agit des États-Unis et de la Nouvelle-Zélande. Je leur souhaite personnellement la bienvenue, en me réjouissant du fait que ce dernier pays, situé comme chacun sait dans l'hémisphère Sud, nous expédiera bientôt des truffes fraîches pendant les mois d'été, faisant ainsi passer notre plaisir de déguster le divin tubercule de trois mois à six mois par an.

En France, deux entités géographiques se partagent la fierté de produire des truffes :

- le bassin Sud-Est, comprenant les départements de la région PACA, à savoir le Vaucluse, le Var, les Alpes-de-Haute-Provence, les Hautes-Alpes, les Alpes-Maritimes et les Bouches-du-Rhône. Signalons aussi les départements de la Drôme, du Gard, de l'Hérault, des Pyrénées-Orientales, de l'Ardèche... Le bassin Sud-Est est responsable à hauteur de 80 à 85 % de la production totale de notre pays,
- le bassin Sud-Ouest, comprenant les départements du Lot, de la Charente-Maritime, de la Dordogne, de la Lozère, de l'Aveyron et, nouveaux venus aux résultats époustouflants : l'Indre-et-Loire et la Vienne.

Les départements producteurs de truffes de Bourgogne récoltent également Tuber melanosporum, mais en quantité plus limitée.

Description

La truffe dite du Périgord est classiquement décrite comme se présentant sous une forme plus ou moins globuleuse. La réalité est toute autre. On peut la rencontrer couverte de bosses, biscornue si le sol est très caillouteux, écrasée comme une galette lorsqu'elle s'est développée entre deux pierres plates. L.-J. Riousset en a trouvé un jour une qui s'était développée à l'intérieur d'une coquille d'escargot. Sa morphologie peut également varier avec la période de récolte.

Si vous trouvez des truffes grossièrement cylindriques aux bouts arrondis, ce sont les «truffes saucisses». Prenez garde, ce seront les dernières de la saison. Même pronostic pour les «truffes phallus» (les rabassiers emploient un terme plus trivial). Elles ont la même forme que les «truffes saucisses» mais avec un (ou deux) renflement(s) très évocateur(s) à une extrémité.

Le péridium est noir, mais parfois avec des nuances faiblement rougeâtres, marron. S'il est franchement rouge, ne l'achetez surtout pas : il s'agit d'une truffe immature, c'est-à-dire sans goût ni parfum. Le péridium peut être parfois fissuré, comme si la belle avait grossi trop vite. Des vergetures rabassières en quelque sorte ! Cela n'a aucune influence cette fois sur leurs qualités organoleptiques, au contraire. Comme pour les melons cantalous éclatés, elles seraient plutôt meilleures. Il arrive parfois que l'on tombe sur des nids de truffes, à savoir non pas une seule truffe mais deux, trois, quatre, parfois des dizaines. Ces truffes, serrées les unes contre les autres à la manière de gousses dans une tête d'ail, sont totalement dépourvues de terre sur la surface en contact avec la voisine. Il en est de même, mais cette fois sur la totalité du péridium, pour les truffes que l'on extrait des terriers de lapins abandonnés. La chose est rare mais c'est une découverte fascinante. Sur ces surfaces idéalement propres, on a l'impression que quelque chose bouge à la surface du champignon, comme de la neige qui fond. Ce doit être le mycélium (invisible à l'œil nu) qui s'effondre sur lui-même.

Le péridium est couvert de verrues, sortes de petites pyramides dont la grosseur est beaucoup plus régulière que pour la truffe d'été *(Tuber aestivum)*.

Elles sont souvent plus petites lorsque les truffes sont récoltées sous les chênes verts et, paraît-il, sous les tilleuls. La grosseur des verrues n'a que peu d'importance sur la saveur du champignon.

La gleba est noire striée de blanc. Mais d'un noir pouvant être légèrement rougeâtre à marron foncé. Elles ont alors un parfum difficile à définir. Je dirais un peu animal peut-être mais en tout cas parfaitement délectable. Attention, un marbré d'un noir parfait strié d'un réseau parfaitement blanc peut laisser suspecter une truffe de Chine (*Tuber indicum*).

En début de saison, fin octobre, début novembre, la gleba de notre truffe du Périgord est d'un gris très clair. Son goût et son arôme ne valent pas grand-chose. Elle présente de plus le défaut de se détériorer très vite ; en une nuit parfois. Mais de semaine en semaine, la couleur va foncer et les qualités de notre champignon s'améliorer. Ce n'est bien souvent qu'après Noël que l'excellence devient la règle ; classiquement entre le 15 janvier et le 15 février. Au-delà, elles prennent une odeur de terre chaude et se conservent plus difficilement au fur et à mesure que le temps passe. Après le 15 mars, il est rare d'en récolter encore. De toutes façons, elles ne présentent plus aucun intérêt gastronomique.

On se méfiera des truffes dont la gleba affiche, en partie ou en totalité, une couleur uniformément noire. Ce sont des truffes qui ont gelé (en totalité ou en partie). Elles ont un parfum totalement différent d'une truffe mûre à point. Elles évoquent pour moi un vin de noix ou une liqueur de prune. Je suis incapable de décrire cette odeur autrement et je le déplore. Les truffes gelées peuvent être consommées mais avec précaution, et rapidement. Elles sont à proscrire absolument si, bien sûr, elles ont une odeur nauséabonde.

Un péridium dont la trame est très serrée semble indiquer que la truffe a manqué d'un peu d'eau pour se développer. La consistance de la truffe est alors plus dure que de coutume, le parfum diffère : moins intense et moins sucré. Si la quantité d'eau a été suffisante pour un développement idéal et que le sol est plutôt sablonneux, on est alors en présence d'un champignon remarquable, au marbré flamboyant, d'un parfum riche, capiteux, d'une puissance exceptionnelle. Une telle truffe peut être dégustée très simplement. On en coupera une fine tranche que l'on disposera sur une tranche de pain de campagne avec un peu de sel et un filet d'huile d'olive. Puis on laissera toaster l'ensemble quelques minutes sur une braise de bois de chêne pubescent. Jamais de chêne vert car l'odeur de la fumée de cet arbre est détestable.

On le voit, l'examen du péridium et plus encore de la gleba est très riche en indications sur les valeurs gustatives. Malheureusement, les vendeurs qui acceptent de canifer[6] une truffe sont rarissimes. Encore une espèce en voie d'extinction[7].

Du parfum des truffes

Les truffes, toutes les truffes ne sont que parfums, odeurs, fragrances, senteurs et arômes. Vouloir expliquer ce que sent une truffe à quelqu'un n'en ayant jamais senti est une entreprise aussi vaine que de tenter d'expliquer à un sourd les différences entre une sonate de Mozart et une composition des Sex Pistols. On peut certes procéder par analogie, mais c'est un pis-aller, pour ne pas dire une trahison. En tout cas, humer une truffe pour la première fois représente en

6 - *Canifer une truffe : couper un petit morceau pour se faire une idée de l'aspect de la gleba.*

7 - *Sauf peut-être au marché de Saint-Alvère (Dordogne) où les truffes sont brossées, lavées et canifées et dont le prix, on s'en serait douté, est relevé en conséquence.*

quelque sorte un dépucelage olfactif suivi aussitôt d'un véritable orgasme odorant. Le parfum des truffes est d'une intensité, d'une richesse et d'une puissance que le vocabulaire le plus élaboré est incapable de décrire.

Champignons souterrains, associés à des arbres, les truffes doivent voir leurs spores disséminées au loin afin de coloniser d'autres territoires. À cet effet, une seule solution s'impose : être dégustées par un prédateur qui, après une petite promenade digestive, va faire ses besoins plus loin, déposant sur le sol les précieuses spores, lesquelles, grâce à l'action de la pluie, des vers de terre qui brassent la terre en permanence, pénétreront dans la terre. Elles attendront sagement qu'un gland vienne germer à proximité pour émettre un filament mycélien qui se fixera sur les radicelles de ce dernier, créant une petite formation de 3 millimètres de long : la mycorhize. D'année en année, les mycorhizes vont se multiplier. Le sol sera envahi de mycélium et, une décennie plus tard, les premières truffes apparaîtront, espérant passionnément être dévorées à leur tour afin de perpétuer l'espèce. Ce prédateur, qui joue un peu le rôle d'entremetteur, peut être le sanglier, le campagnol, le lapin. Beaucoup plus rarement l'homme qui, de nos jours, préfère confier les irremplaçables spores à sa cuvette de WC. Spores d'ailleurs bien souvent stérilisées par une cuisson excessive. Cette conquête de l'espace peut faire intervenir d'autres intermédiaires. Tenez, prenons le cas de ce petit coléoptère rouge, le leodes cinamomea, qui a la fâcheuse habitude (fâcheuse pour le rabassier bien sûr) de se gaver de truffes en les transperçant de fines galeries. Eh bien, il n'est pas sûr du tout qu'il va connaître une fin paisible. Que passe un oiseau insectivore et hop, le voilà (lui et son estomac bourré de spores) parti pour le grand voyage. Quoiqu'il en soit, la truffe doit être mangée.

Invisible, sous parfois cinquante centimètres de terre dans les Hautes-Alpes par exemple, elle n'a qu'un moyen à sa disposition pour signaler sa présence au bienvenu prédateur : émettre un parfum extrêmement puissant. C'est ainsi qu'une truffe extraite du sol est capable de dispenser ses effluves, désormais libérés de toutes entraves, à des distances impressionnantes.

«Et que se passe-t-il avec une truffe au parfum repoussant comme, disons, la bien-nommée *Tuber foetidium* ?», se demandera le lecteur. Eh bien, il faut croire que l'odeur de cette truffe n'est pas fétide pour tout le monde et qu'elle doit même être appréciée par un organisme vivant quelconque. Sinon, elle aurait depuis longtemps disparu de la surface de notre belle planète.

Je me rends compte, en me relisant, d'avoir été un peu trop affirmatif. Comportement considéré par les scientifiques, toujours prudents, comme une faute grave. J'aurais dû commencer mes phrases par les formules : «Il semble bien que...» ou «Tout se passe comme si...» qu'il est de bon ton d'utiliser quand on est sûr à 99,99 % d'avoir trouvé l'explication d'un phénomène naturel. Je prie donc à nouveau le lecteur de bien vouloir me pardonner.

Mais revenons-en à notre parfum de truffes. Nous avons vu qu'il est différent selon l'époque à laquelle on récolte le champignon. Il change également après la récolte. De jour en jour, peut-être d'heure en heure. Immédiatement après être extraite, la truffe ne sent pas très fort. Ce serait plutôt la terre qui embaumerait. Mais dans les heures qui suivent, les senteurs explosent littéralement et vont se maintenir une semaine, avec de subtiles variations si la truffe est conservée dans un endroit sec et aéré, comme le bac à légumes du réfrigérateur. Il est bon de signaler à ce propos que les truffes ont une propension naturelle à communiquer

leur parfum aux matières grasses. C'est ainsi qu'un pain de beurre prendra une forte odeur de truffe, ce qui ne sera pas toujours apprécié lorsqu'on beurrera ses tartines au petit déjeuner. Les œufs eux aussi sont très sensibles à ce phénomène. Le jaune particulièrement. Attention à la tarte aux pommes réalisée avec des œufs ayant passé une nuit en compagnie du divin cryptogame.
Au-delà d'une semaine, le parfum des truffes s'épuise et la structure même du champignon tend à devenir pulvérulente.

Du goût des truffes

Pour la plupart des aliments et des boissons dont nous nous délectons, l'important est ce qui flatte notre sens de l'odorat. Celui-ci est en effet capable de distinguer des milliers de nuances différentes. Notre sens du goût est, en revanche, lui, beaucoup plus pauvre. Presqu'un infirme en comparaison. Quatre sensations, pas une de plus, sont ressenties par nos papilles gustatives : le sucré, le salé, l'amer et l'acide. Toutes les qualités que nous apprécions dans un plat plutôt que dans un autre sont en réalité dues à l'analyse qu'en fait notre odorat. J'ai la chance d'avoir un vieux copain qui a, lui, la malchance de perdre de temps en temps le sens de l'odorat. Et ce pour des raisons mystérieuses qui exaspèrent la Faculté. Fin gourmet et amateur de grands crus, on imagine son désespoir. «C'est bien simple, me confie-t-il lors de ses crises, entre un château-d'yquem de 1937 et un kiregal de grande surface en bouteille plastique, à peine si je trouve ce dernier un tantinet plus âpre. Même chose pour une brouillade de truffes mûres à point réalisée avec de bons œufs de ferme et l'omelette aux champignons de Paris en boîte du snack du coin de la rue. Aucune différence. C'est à en pleurer !» Rassurez-vous pour lui. Ces crises disparaissent un beau matin, son sens de l'olfaction revient et, avec lui, les bonheurs qu'il dispense.

Pour en revenir au goût de nos truffes, disons qu'elles sont très légèrement sucrées lorsqu'elles sont d'une qualité parfaite. Elles peuvent être très légèrement amères dans le cas contraire. Il est bon alors de les consommer un peu plus cuites, mais pas trop. La cuisson exagérée des truffes a pour effet de détruire totalement leurs qualités organoleptiques. La législation impose aux conserveurs une vente au poids net. Or les truffes, pendant leur stérilisation, perdent un pourcentage de jus inconstant. On réalise donc une première ébullition qui a pour effet de leur faire perdre leur jus. Puis elles sont pesées et affichent donc un poids qui ne variera plus. Ayant été exposées à l'air au cours de cette opération, il est indispensable de procéder à une autre stérilisation par ébullition. Dans *Des truffes en général et de la rabasse en particulier*, j'ai qualifié ce procédé de «meurtre gastronomique». Je maintiens cette définition.

La congélation des truffes est bien plus satisfaisante. Certes, leur parfum s'en trouve un peu affecté ou pour le moins diminué. On se portera bien de doubler les doses qui donnent satisfaction avec les truffes fraîches

FOIES GRAS
EXPORTATION UNIVERSELLE
CHAMBON & MARREL
à SOUILLAC
Périgord.
DÉPOT ICI
TRUFFES en GROS
Arrivages Journaliers
DÉPOT ICI
FOIES GRAS
MÉDAILLE D'OR
EXPOSITION
UNIVERSELLE
BRUXELLES 1958
TRUFFES
FRAICHES
TRUFFES EXTRA
PRODUCT OF FRANCE
TRUFFLES PACKED IN THEIR JUICE
CHAMBON & MARREL
SOUILLAC EN PÉRIGORD-LOT-FRANCE
TRUFFES
TRUFFES PELÉES EXTRA
CRÙ DU PÉRIGO
MAISON FONDÉE
en 1860
PARIS · 1889
CHAMBON & MARREL
SOUILLAC-PÉRIGORD
CHAMBON & MARREL
SOUILLAC-PÉRIGORD
46200
R. C. 61 A 523

Recettes

Les recettes les plus simples sont les meilleures. Un maître incontesté et mondialement connu de la gastronomie rabassière, Guy Jullien, de la Beaugravière à Montdragon, expose dans *Spécial Champignons magazine n° 11* comment réaliser le plat le plus facile qu'on puisse imaginer : la salade de pommes de terre à la truffe ; mais quelles pommes de terre et quelles truffes ! Je l'ai goûtée : un feu d'artifices !

Un grand classique est la brouillade de truffes que j'affectionne comme tous les gens du Midi. Tout d'abord, ne pas confondre la brouillade de truffes et les œufs brouillés. La brouillade de truffes est une sorte d'omelette touillée sur un feu vif avec une spatule de bois. Les œufs brouillés, que j'aime moins, sont cuits au bain-marie sans cesser de les agiter avec une cuillère jusqu'à une consistance crémeuse.

Le 18 janvier 1997, j'ai réussi la meilleure brouillade de ma vie. Et je la dois à un heureux hasard comme cela se passe souvent avec les découvertes qui ont changé la face du monde : la pomme de Newton ou la baignoire d'Archimède, par exemple. Mais laissez-moi vous raconter les choses en détail. J'avais invité quelques amis et j'avais assemblé une douzaine de truffes de première qualité, cela va de soi, mais provenant de divers sols et de divers arbres. Il y en avais deux que j'avais récoltées sous des chênes verts, dans les éboulis. Elles étaient, certes, biscornues mais leur parfum était d'une intensité incroyable. Suivaient six autres issues de terrains sablonneux, bien rondes, charnues, aux fragrances plus sucrées. Je les avais trouvées au pied de chênes pubescents. Les trois suivantes, issues d'une petite plantation jouxtant ma maison, n'avaient rien d'exceptionnel, à part peut-être un superbe marbré, signe d'une maturité parfaite. Venaient enfin deux petites truffes, pas plus grosses que des noix, mais que je devais à un pin d'Alep truffier, dont je ne révélerai jamais l'emplacement, dussé-je subir la question ordinaire et même extraordinaire. Je sors donc toutes mes truffes du bac à légumes du réfrigérateur où elles avaient «passé une nuit d'amour» avec une douzaine d'œufs de ferme, pour reprendre la délicieuse expression de Janine Montupet.

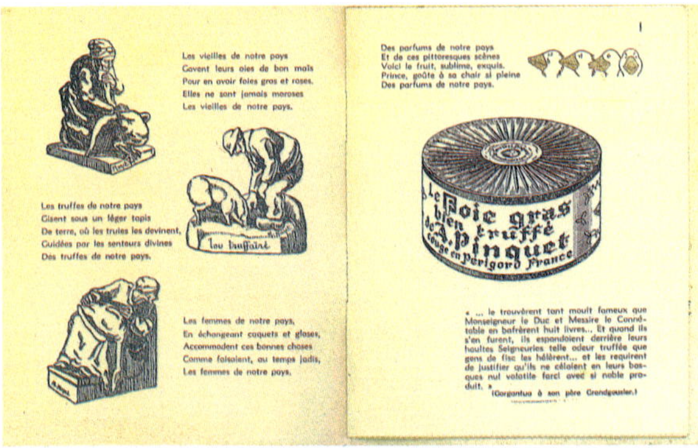

Je pèle mes truffes et pile les pelures. Je râpe finement les plus odorantes ; un peu plus grossièrement les autres et débite la plus charnue en fines lamelles, avec ma mandoline, ce rabot à truffes que l'on trouve à un prix dérisoire sur tous les marchés italiens et à un prix déraisonnable en France dans les catalogues spécialisés. Je bats mes œufs ; rajoute le tout, sauf les susdites lamelles que je dispose toujours au dernier moment sur la brouillade prête à être servie.
Dans l'âtre, le feu de chêne pubescent est à point. Plus tout à fait un feu vif, pas

encore une braise. Un feu agonisant si l'on veut. Je vais décrocher du mur une vieille poêle piémontaise qui me vient d'un ancêtre oublié. Une poêle en cuivre étamé au manche d'une longueur démesurée.

Je suis sur le point d'y verser une demi-cuillerée à soupe d'huile d'olive de la vallée des Baux quand, soudain, une odeur nauséabonde vient à mes narines. Je hume la poêle. Nom de Dieu ! Une odeur d'encaustique chimique me fait presque défaillir. Je repousse l'instrument souillé et réalise combien mes convives et moi-même l'avons échappé belle. J'avais prêté ma maison pendant les vacances de Noël à quelques amis qui avaient cru me remercier en faisant reluire tous les cuivres de la cuisine ! Dieu me garde de mes amis...

Me voilà donc désemparé. Je ne goûte guère pour la brouillade de truffes les poêles Téfal. Que faire alors ? Je me souviens à propos qu'une vieille poêle identique a été reléguée à la cave et a donc probablement échappé au traitement barbare de l'autre. Je m'empresse d'aller la chercher et constate que mes prévisions étaient exactes. La brouillade peut donc être sauvée. Mais pourquoi donc avais-je relégué cette poêle à la cave ? Je l'observe et me rappelle. Pour une raison qui se perd dans la nuit des temps, cette poêle avait été percée ; un de mes ancêtres l'avait réparée tant bien que mal en rivetant une petite plaque de cuivre, grosse comme l'ongle du pouce. Difficile donc à nettoyer. Je m'apprête à verser l'huile quand un doute me vient. Et si la réparation n'était pas étanche ? Devant les convives qui commencent à se poser des questions sur l'étrangeté de mon comportement, je la mire devant la plus proche ampoule électrique.

Consternation ! La lumière laisse voir un manque flagrant d'étanchéité. Je suis désespéré. Dans la cheminée, le feu s'impatiente et les convives, tout en pianotant nerveusement la table de leurs ongles, y vont de leur : «Et cette brouillade, ça vient ?»
Au bord de la crise de nerfs, je me dis : tant pis, on verra bien ! Je verse l'huile, ajoute les œufs battus avec les truffes, pose la poêle sur le feu et commence à touiller. C'est alors qu'une chose étrange se produit. Par le petit orifice béant apparaissent des bulles qui crèvent en un petit nuage de fumée. Je touille toujours, emmenant une partie de la brouillade non encore enfumée sur le petit trou. Je rajoute le sel et le poivre. La cuisson d'une brouillade est très rapide.

D'un rapide coup d'œil, je vérifie que ceux de mes invités qui en avaient la charge ont bien sorti du four les assiettes que l'on avait mises à réchauffer. Un dernier coup de spatule, je saisis la poêle et commence à servir, tandis qu'un aide rajoute sur chaque portion trois ou quatre lamelles de truffes.

Pétrifié d'angoisse, je trouve la force de balbutier : «Soyez indulgents, j'ai bien peur que ce ne soit pas une réussite.» Pas de réponse. Ils s'empiffrent, se gavent, se gobergent silencieusement, les bougres ! Je goûte à mon tour : une merveille, un chef d'œuvre absolu, la meilleure brouillade de ma vie ! La truffe et le chêne réunis dans la mort pour notre plus grand plaisir. Un poète vous écrirait un sonnet pour moins que ça !

Je pourrais prendre un brevet mais je suis bien trop paresseux pour m'aventurer dans les labyrinthes éreintants des démarches administratives. Et puis, de toutes façons, quand une idée est bonne, elle appartient à tout le monde, n'est-ce pas ? Je vous livre donc cette découverte qui ne va sûrement pas manquer de faire date dans l'histoire de la brouillade de truffes.

Il faudra probablement un peu codifier la chose. Un bureau d'études, spécialisé dans la «physique des fluides visqueux en passe de se solidifier sous l'influence de la chaleur» ou quelque chose du même genre, définira exactement les dimensions du trou afin que la brouillade ne tombe pas dans le feu et que la fumée de son côté puisse y passer. En tout cas, je vois se profiler à l'avenir une belle spécialité. Belle et gratifiante comme toutes les professions qui contribuent à faire le bonheur de son prochain : perceur de poêles à brouillade de truffes. En ces temps de crise de l'emploi, je pense apporter ma contribution à la lutte contre le chômage des jeunes et des moins jeunes. J'attends avec une impatience non feinte des félicitations de la part du ministère du Travail.

TÉLÉGRAMME
M. LOD YAUNE CONSERVE
PERIGUEUX DORDOGNE
Confirmation
DE BUENOS AIRES 337-32-22 12=20 = VIA RADIO FRANCE
PREMIER ARRIVAGE TRUFFES FRAICHES EN ARGENTINE FAIT PAR NOTRE
INITIATIVE PRIVÉ = GROS SUCCÈS - STOP OFFERT GRAND DINER PRINCIPALES
AUTORITÉS - JOURNALISTES ET FINS GOURMETS - TOUS EN PARLENT -
FELICITATIONS = FLEZICALVE
MAISON FONDÉE EN 1908
Conserves de luxe
LA SEMEUSE DU PÉRIGORD
CH. YAUNE
PERIGUEUX
PONT DE LA CITÉ
DORDOGNE FRANCE
TÉLÉGRAMMES:
YAUNE-CONSERVES-PÉRIGUEUX
TÉLÉPHONE N° 323
CODES A.Z. & A.B.C.
COMPTE POSTAL BORDEAUX 3748
R. C. PÉRIGUEUX N° 496

Les autres truffes

Tuber brumale

C'est une truffe qui se récolte assez fréquemment en Europe. Pour des raisons inconnues, il semblerait qu'elle envahisse peu à peu les territoires colonisés par *Tuber melanosporum*. Et particulièrement les années défavorables à cette dernière, comme pour la campagne 1998-1999. Elle est très semblable à *Tuber melanosporum*, verruqueuse et noire, mais ne présente jamais de nuances rougeâtres. Son péridium est peu adhérent. Appuyons le pouce sur elle comme pour enfoncer une punaise. Puis sans relâcher notre pression, faisons-le glisser latéralement : le péridium se décolle de la gleba. C'est une chose qui est impossible avec *Tuber melanosporum*. À la coupe, le marbré est d'un noir puissant, au dessin beaucoup plus lâche que pour *Tuber melanosporum* ; flamboyant mais sans excès. Son odeur est déterminante. Forte et agressive, c'est du moins ce que j'avais toujours éprouvé en humant les *Tuber brumale* que je trouvais. Mais un jour que je déjeunais chez un célèbre restaurateur de Lorgues, dans le Var, celui-ci me déclara : «Je vais te faire goûter des brumales qui vont t'étonner.» Et de fait, il me présenta un plat dont les truffes brumales n'étaient pas si mauvaises que ça.
Il existe donc pour cette espèce deux variétés : *Tuber brumale stricto sensu*, que les Espagnols appellent *magenta* et qui n'est pas dépourvue de qualités, et *Tuber brumale*, variété moscatum, qui est une abomination.
Entre les deux existe toute une foule d'intermédiaires et on constate que les qualités organoleptiques de cette truffe se dégradent au fur et à mesure que le sol

devient plus riche en matières organiques, comme l'humus par exemple, ou, pis encore, s'il contient des engrais nitratés. Dans les cas extrêmes, un petit morceau de *Tuber brumale* est capable de vous gâcher irrémédiablement une brouillade pour trente personnes.

Mon ami Michel Jalade, grand caveur de truffes de Bourgogne, région où *Tuber brumale* est abondante, m'a recommandé la recette suivante :

Prendre des huîtres, les ouvrir et les vider de leur eau. Râper finement de cette truffe et les refermer. Les laisser reposer quelques heures au frais pour qu'elles sécrètent une nouvelle eau. Puis déguster avec du pain de seigle beurré, en buvant du chablis bien frais. La saveur un peu iodée de la truffe s'accorde parfaitement avec celle du coquillage.

Tuber mesentericum, Tuber macrosporum

N° 23. — 1re Année. Le Numéro : 5 Centimes Dimanche 26 Novembre 1905.

LA CUISINE DES FAMILLES

RECUEIL HEBDOMADAIRE
de Recettes d'Actualité très clairement expliquées, très faciles à exécuter
Rédactrice en chef : Mme JEANNE SAVARIN

LA RÉCOLTE DES TRUFFES EN PÉRIGORD

La passion des porcs pour les truffes est irrésistible; aussi est-elle exploitée par les paysans madrés, qui, à l'époque favorable, font métier de découvrir le précieux cryptogame à l'aide de leur cochon; sitôt flairée par l'animal, la truffe est déterrée, et le paysan la lui dispute. — Ce numéro donne cinq bons apprêts de truffes.

SOMMAIRE DU NUMÉRO. — Notre Concours : le plébiscite de nos lectrices sur l'Auteur Culinaire préféré comme enseignant le mieux la Cuisine Bourgeoise; suite de la distribution des prix. — Menus du Dimanche. *Déjeuner* : raie au beurre noir; salmis de cailles aux alouettes; navets à la moutarde; buisson de meringues à la Chantilly. *Dîner* : potage pralinė; homard à la Constant Guillot; jambon braisé; petit coq de bruyère rôti; cardons à la moelle; glace Velasquez au marasquin. — Les Truffes : principales espèces; les crus truffiers; les truffes exotiques; sensibilité des truffes; truffes gelées et truffes piquées. La récolte des truffes. Cinq bonnes recettes spéciales : truffes au vin blanc; truffes sous la cendre; salade de truffes; truffes au champagne; ragoût de truffes.

Ces deux espèces sont noires et verruqueuses. *Tuber mesentericum* présente très souvent une petite fossette. La gleba est marron foncé. Elle est récoltée du début de l'automne à la fin janvier. Son odeur forte est désagréable. Elle évoque irrésistiblement un composé chimique appelé iodoforme que les chirurgiens-dentistes connaissent bien pour ses vertus bénéfiques dans la cicatrisation de l'os après l'extraction difficile d'une dent. *Tuber macrosporum* ne vaut guère mieux. La gleba est elle aussi brun noirâtre. Sa consistance est caoutchouteuse et son parfum rappelle un peu celui de *Tuber magnatum*. Sa période de production est sensiblement la même que *Tuber mesentericum*. Ces deux truffes ne sont pas, à ma connaissance, consommées dans la moitié méridionale de la France. Dans l'Est, on les utilise pour les sauces, les pâtés, les terrines. C'est-à-dire cuites longuement. Lorsqu'un champignon demande à être cuit longuement, il est à craindre qu'il ne soit pas bien fameux. Un peu comme une viande qu'il faut faire mariner avec du vin rouge et des épices pendant une longue période afin de la rendre mangeable !

Tuber borchii (ou albidium)

Petite truffe blanche au péridium lisse. Elle se récolte du mois de janvier au début mai. Son parfum rappelle un peu celui de Tuber magnatum. En Italie, sous le nom de bianchetta, elle se consomme râpée sur une salade.
On aura de la peine à trouver en France un restaurateur qui l'affiche à son menu.

Tuber indicum (truffe de Chine)

Apparue sur les marchés européens en 1993-94, cette truffe a soulevé un vent de panique chez les producteurs de *Tuber melanosporum*. Son prix cinq à six fois inférieur à celui de la truffe dite du Périgord avait de quoi faire passer quelques nuits blanches.
Sa ressemblance avec cette dernière est troublante. Son péridium est noir comme pour *Tuber melanosporum*. Il est également verruqueux. Les verrues sont un peu différentes : non pas pointues mais comme abrasées, étêtées. Et encore, pas toujours. Certains exemplaires sont identiques à première vue à la bonne truffe de chez nous. À la coupe, la gleba est noire veinée de blanc. Le dessin du marbré est d'une finesse admirable, asiatique pourrait-on dire. Trop beau pour être honnête. Coupons-en une tranche : la structure de la gleba est élastique et non cassante comme pour la rabasse. Mais il est difficile de pouvoir vérifier cette particularité avant d'avoir acheté le champignon, ce qui fait que lorsqu'on acquiert la certitude d'avoir été trompé, il est trop tard.

Et si encore elle se récoltait pendant l'été comme *Tuber aestivum*. Mais non, sa période de production est exactement la même que celle de *Tuber melanosporum*. Son parfum, à supposer qu'elle en ait un, est d'une insignifiance totale. Et son goût a une fâcheuse tendance à tourner à l'amer après cuisson. Merci mon Dieu, nous l'avons échappé belle ! Vous ne voyez pas qu'elle se soit révélée à l'usage aussi bonne que la nôtre, voire meilleure. On en frémit encore ! Bonne nouvelle : le volume des importations s'effondre comme une HLM bourrée de dynamite dont on vient d'ordonner la mise à feu.

Tuber rufum

LES TRUFFES.

(Le vieux Chasseur de truffes du comté de Sussex.)

C'est une petite truffe très abondante en France et qui n'est pas comestible, car très amère. Son odeur citronnée très particulière n'est pas désagréable du tout. Le lecteur doit se demander pourquoi j'en fait donc mention. Eh bien voilà, laissez quelques exemplaires de cette petite truffe passer la nuit dans un bocal hermétiquement fermé, avec des œufs, et dégustez le lendemain ces mêmes œufs à la coque, sur le plat ou même confectionnez une mayonnaise pour accompagner un poisson au court-bouillon. Sensations étonnantes garanties ! Et gratuites car ces truffes sont jetées dédaigneusement par les caveurs. Il suffit de leur demander. C'était un message à l'attention des radins.

Les truffes et le vin

Les truffes entretiennent avec la vigne des relations amoureuses qui ne se sont jamais démenties. Pour entreprendre la plantation d'une truffière, rien ne vaut une vieille vigne abandonnée, tout le monde vous le dira. D'ailleurs, la prospérité des trufficulteurs du Périgord et du Quercy s'est bâtie sur l'anéantissement du vignoble après le phylloxera dans la seconde partie du XIXe siècle. Encore de nos jours en Vaucluse et dans la Drôme, on complante souvent des vignes avec des chênes truffiers. Au bout d'une dizaine d'années, la vigne meurt autour des arbres et la truffe arrive. C'est une solution élégante pour résoudre le problème angoissant qui se pose souvent aux propriétaires de terrains de cette région bénie des dieux : «Vais-je faire fortune en produisant du vin ou en récoltant des truffes ?» Bref, avec les truffes, toutes les bonnes truffes, à savoir celle dite du Périgord, celle de Bourgogne et la blanche du Piémont, il convient de boire du vin. J'ai essayé d'autres boissons, comme ça, juste pour savoir. L'eau, par exemple, donne de piteux résultats. Le thé à la menthe n'est pas fameux non plus. Le jus d'oranges produit sur la langue une réaction bizarre qui fait que l'on trouve la truffe mauvaise et le breuvage également. Un soda américain, dont je tairai le nom mais qui, par la grâce d'une campagne publicitaire bien menée, est connu et distribué désormais dans le monde entier, s'est soldé par une expérience dont je garde un très détestable souvenir. Une abomination, ce soda avec une brouillade ! La bière, même d'excellente réputation, ne gagne pas à être consommée avec des préparations à base de truffes. Il se produit au niveau des papilles gustatives un

phénomène étrange que je ne saurais décrire exactement mais qui est très dommageable pour le bonheur qu'on aurait pu prendre en dégustant l'une et l'autre séparément.

La cause étant entendue, il convient maintenant de savoir quel vin choisir.

Lorsque j'ai écrit avec Gérard Rossini la Petite Anthologie culinaire de la truffe. Recettes... et dépenses, nous ne pouvions faire autrement que de consacrer un court chapitre sur les accords truffes-vins. Je me suis souvenu alors d'avoir lu dans Le Trufficulteur français un article de Laurens Delpech traitant justement des accords de dégustation entre les truffes et les vins. Je lui téléphonai et cet homme affable nous fit parvenir d'autres articles qu'il avait écrits sur le sujet. En définitive, Gérard Rossini, un garçon pourvu de bien des qualités mais têtu comme une mule, n'en a tenu compte que très modérément.

Quelques temps plus tard, Laurens Delpech me fit part de son désir d'écrire un livre sur les truffes et les vins, et me proposa de collaborer avec lui pour la partie truffe. J'acceptai de bon cœur en lui signalant tout de même que je n'étais pas certain de pouvoir me renouveler. En matière de truffes, les choses évoluent lentement et aucun élément nouveau n'était intervenu depuis longtemps, aussi bien pour ce qui concernait la production, la biologie ou la gastronomie. Pas comme pour les ordinateurs par exemple, où l'ouvrage le plus complet et le plus innovateur se révèle totalement obsolète six mois plus tard.

Laurens Delpech me rassura et me proposa une rencontre en Provence, autour d'un plat truffé arrosé d'un grand cru de la région, afin de confronter nos appréciations. Je ne pouvais qu'être d'accord. En matière de vins, j'avais élaboré au fil des ans une méthode d'analyse dont j'étais passablement fier. C'était la méthode

des trois par trois. Je m'explique. Il y avait d'abord trois catégories de vins : les rouges, les blancs et les rosés. Pour chacun d'entre eux, j'avais établi trois appréciations différentes qui étaient : excellents, moyens, franchement dégueulasses.

Venaient enfin les trois derniers critères qui étaient : bon marché, raisonnables et scandaleusement chers. Le lecteur comprendra tout de suite que pour un vin de la catégorie rouge, par exemple, le meilleur choix était : excellent–bon marché (c'étaient les plus rares), et le plus mauvais : franchement dégueulasse–scandaleusement cher.

En attendant la venue de Laurens Delpech, je pensais lui faire connaître ma méthode, me disant qu'elle lui rendrait service et qu'il me féliciterait probablement de tant d'ingéniosité. Et puis, au dernier moment, j'ai décidé d'attendre un peu pour voir comment aller se passer les choses... Et j'ai sacrément bien fait.
Quelques heures avant le repas, nous sommes allés faire un petit tour chez un de mes amis, J. de Lanversin, producteur d'un vin joliment nommé Clos de la Truffière. Imaginez la scène : une douzaine de bouteilles alignées sur une vénérable table de chêne, une de ces tables qui ont acquis des ans l'inestimable hommage. Une dizaine de verres pour Laurens, autant pour moi. J. de Lanversin ouvre le bal en débouchant la première bouteille, il verse deux doigts de vin dans le verre de Laurens. La même dose pour moi... C'est alors qu'une étrange impres-

sion de sérénité se peint sur le visage de Laurens. Un calme absolu mais qu'on devine assorti d'une intense concentration. Tous ses sens sont en éveil mais pas un muscle ne tressaille. C'est une telle maîtrise de soi que devait afficher le professeur Barnard lorsqu'il ouvrait le thorax de son patient pour réaliser la première greffe du cœur de l'histoire.

Après un bref coup d'œil sur le bouchon qu'il hume ensuite un peu plus longuement, le voilà maintenant qui, d'un élégant geste de la main, fait tourner le breuvage qui s'étale sur la paroi. «Il doit vérifier que le verre est bien propre», pense l'ignare que je suis. Pas du tout, j'apprendrai plus tard que l'écoulement du liquide sur le verre est riche en enseignements sur sa viscosité.

Laurens entreprend maintenant l'analyse visuelle de la couleur... pardon, de la robe. Il formule quelques appréciations sur les différentes composantes de celle-ci, la limpidité, la brillance et la couleur dont il distingue l'intensité et la teinte. Pendant qu'il parle de pivoine, groseille, cassis, cerise, rubis, moi je commence à m'énerver : «C'est du vin rouge, quoi !»

Mais je sens tout à coup que le temps est venu de passer aux choses sérieuses, à savoir l'analyse des odeurs ou plutôt du bouquet. Laurens marque une pause, se concentre devant cette épreuve décisive. Il ferme les yeux, approche lentement le verre de ses narines et hume lentement. Quelques gouttes de sueur perlent à son front. Il fait ensuite tournoyer le vin et inspire à nouveau. C'est le deuxième nez, m'apprend-il. Il y aura une troisième analyse, consistant à réaliser un petit clapotis de surface afin de mettre en évidence les arômes les moins volatiles.

À ce stade, je suis largué. Mon ami continue. Il parle d'arômes primaires, fermentaires, d'élevage qui vont de la violette, la pivoine, la rose fanée, le poivron vert, la griotte, le biscuit, la cerise noire, la cacao, le pain d'épices, le bois neuf, fumé et brûlé, la vanille, au ventre de lièvre (que je dois avouer à ma grande honte ne pas humer fréquemment). Au passage, il m'a semblé avoir entendu arôme de truffe qu'avec la plus grande attention je n'ai pas retrouvé. Pour moi, ce vin sentait tout bonnement le vin rouge.

C'est alors que Laurens se mit enfin à boire. Je serais bien en peine de vous raconter toutes les appréciations qu'il déclina lors de la dégustation. Et tant mieux pour vous car une dizaine de pages n'y suffirait pas. Il parla d'attaque de milieu de bouche, de fin de bouche, d'acidité, de moelleux, de force tannique, de sucré,

d'amertume, de force, de charpente, de solide, de racé, d'élégant, d'harmonieux, de riche, de capiteux et je ne sais combien d'autres qualificatifs. Et à la fin de chaque analyse, Laurens crachait élégamment, dans un seau réservé à cet effet, ce qui restait de liquide dans sa cavité buccale. Et ça, c'est une chose que je n'ai jamais réussi à faire. Certes, j'ai réalisé, depuis, quelques progrès dans la dégustation des vins, mais j'éprouve une sorte de blocage à en cracher le résidu. Je l'avale donc. Cela explique qu'au douzième verre, j'étais saoul comme une grive et que je ne me souviens qu'imparfaitement de la conclusion de mon ami.

Pour être précis, ce fameux blocage à recracher une boisson n'a connu que trois exceptions :
le champagne chinois, le vin dont l'armée française abreuve ses conscrits, et le whisky made in France !

Conclusion

Le vin est un produit élaboré par l'homme et pour l'homme. Il se conserve bien et s'améliore souvent avec le temps. Un vin issu d'un cépage déterminé, récolté dans une parcelle délimitée et mis en bouteille conserve une certaine stabilité. Il n'y aura ainsi pas ou peu de différences lors d'une dégustation entre une bouteille et une autre de la même cuvée.

La truffe est un champignon, donc une forme de vie fantaisiste et capricieuse (et de plus du genre féminin, diront les misogynes). C'est un produit sauvage ; même cultivée, son goût, sa forme, sa grosseur, son parfum peuvent varier considérablement d'une région à l'autre, d'un terrain à un autre, d'un arbre à l'autre, d'une année sur l'autre, d'une semaine, d'un jour. Au pied d'un même arbre, on peut récolter, à quelques décimètres de distance, deux truffes aux qualités organoleptiques totalement différentes.

La truffe se conserve mal ; à peine une semaine après récolte, dans un endroit frais et aéré. Et encore, son parfum et sa saveur changent-ils tous les jours et même toutes les heures.

C'est un produit instable. Supposons que le fin gourmet ait été séduit par, disons un clos-des-cortons-faiveley 1989, il lui sera aisé d'en racheter quelques douzaines de bouteilles le lendemain et il verra son plaisir renouvelé à l'identique.

Supposons qu'il ait été enchanté par quelques truffes achetées à monsieur Paul, trufficulteur à Aups (Var) et qu'il retourne s'y approvisionner la semaine suivante. À sa grande stupéfaction, les truffes seront très différentes. Peut-être meilleures encore, ou plus décevantes, va savoir ! C'est ce qui rend ce champignon légendaire si captivant et si décevant à la fois.

D'où la difficulté de trouver des accords de dégustation entre des vins stables, parfaitement identifiables et analysables en profondeur, et un champignon aux qualités odorantes et gustatives ô combien fluctuantes. On s'en rend compte, la tâche de Laurens Delpech ne sera pas facile. D'autant que l'unanimité ne se fait pas sur les crus qui s'accordent avec les truffes. Ainsi :

Guy Jullien (auberge La Beaugravière, à Mondragon) ne jure que par les blancs.

Bruno de Lorgues, également, qui les aime secs et fruités.

Claude Lecomte, de Villecroze, préfère les rouges de pays (Château Thuerry). Paul Bajade, qui s'y connaît (Les Chênes verts, à Tourtour), conseille lui aussi les rouges de pays comme le Domaine Thuerry.
René Berges (Le Relais Sainte-Victoire, à Beaurecueil) préfère les vins blancs des Côtes-du-Rhône ou les Bourgogne.
Reine Sammut (La Fenière, à Lourmarin) ne jure que par les rouges (Coteaux d'Aix).
Barnabet, à Auxerre, l'empereur de la truffe de Bourgogne, a une vision du problème qui emporte ma conviction. Il considère que la truffe de Bourgogne (*Tuber uncinatum*) doit être impérativement consommée fraîche ou le moins cuite possible. C'est aussi mon avis pour la truffe dite du Périgord. Il importe de la laisser infuser plusieurs heures avec le plat à préparer (il entend par infuser laisser en contact dans un récipient clos). Puis, après préparation du plat, considérer la truffe comme un aromate ; ce qui, il faut l'avouer, est tout à fait judicieux. D'où premier accord : truffe avec viande, poisson, coquillages, œufs ou toute autre chose. Ensuite, déterminer quel sera le vin qui s'accordera avec la viande (un rouge) ou avec le poisson, la noix de St-Jacques (un blanc). Le tout bien entendu en parfaite harmonie avec la truffe. Cet accord à trois parties n'est pas facile mais, quand il est réussi, c'est un enchantement. Vous pouvez me croire sur parole.

LA TRÈS-SAINTE BOUTEILLE.
PATRONNE DES LICHEURS, DES TAPAGEURS, DES FRICOTEURS, DES BRISE MÉNAGES, DES TIREURS DE CAROTTES, DES MAUVAIS MARIS, DES MAUVAIS PAYEURS ET DES IVROGNES.
GAITE
JOYEUSETE
EXCÈS
MISERE
HOPITAL

Christian Étienne, à Avignon, arrive aux mêmes conclusions, mais avec, bien sûr, *Tuber melanosporum*. Vin blanc (Beaucastel par exemple) avec les poissons, crustacés et coquillages, côtes-du-rhône avec les viandes. Je recommande au passage la lecture de son excellent ouvrage, *La Magie de la rabasse*, chez Édisud, dans lequel on ne trouvera rien sur les accords entre truffes et vins, mais par contre une abondance exceptionnelle de recettes à base de truffes. Un petit reproche quand même. Pourquoi avoir illustré la couverture avec des truffes d'été *(Tuber aestivum)* alors que ce livre se propose de faire l'apologie de la rabasse *(Tuber melanosporum)* ?

Jacques Chibois (La Bastide Saint-Antoine, à Grasse) préconise pour sa part soit des vins blancs, qu'ils proviennent d'Alsace, comme le savagnin rosé 1997 Klevner de Heiligenstein de Jean Heywang) ; de Provence, comme le château -simone 1990, un Palette de M. Rougier ; ou encore de la Loire, comme le Savennières Coulée de Serrant 1985 de Nicolas Joly.

En rouges, il affectionne : le châteauneuf-du-pape 1989 de chez Brunel, mais également le cahors 1990 clos-triguedina, et le terrebrune 1985 de Reynald Delille, un bandol de qualité.

Ses convives se porteront également bien d'accompagner un plat truffé avec un bordeaux rouge, comme un pomerol 1982 du Domaine de l'Église, un merlot dont les qualités organoleptiques se marient heureusement avec toutes les préparations à base de truffes.

Jacques Chibois estime qu'il n'est point nécessaire de déguster un blanc avec les poissons aromatisés à la truffe et un rouge avec les viandes. On peut consommer un rouge ou un blanc tout au long d'un repas truffé sans inconvénient. Il va même plus loin en conseillant les mêmes crus cités plus haut pour la dégustation de préparations à base de *Tuber magnatum*, la légendaire truffe blanche du Piémont qu'il travaille si bien.

En Italie, trois crus sont en général recommandés pour accompagner cette dernière : les nebbiolo, les roero et les barolo. Peuvent toutefois donner aussi d'excellents résultats les vernaccia, chianti classico, orvieto, torgiano, verdicchio, brunello di montalcino, rubino di cantavena, dolcetto, carema, garbiano, malvasia, erbalucce, grignolino, montecarlo bianco, trebbiano, barbera, rosso piceno, bianco del colli bolognesi, gattinara, barbaresco, rosso conero, montepulciano, malvasia, bianchello di metauro.

Pour en revenir à *Tuber melanosporum*, dans le sud-ouest, les cahors et bergerac sont préférés et c'est très judicieux. Je pense que la dégustation d'un plat n'est jamais aussi satisfaisante que lorsqu'elle est réalisée dans le respect de l'environnement sensoriel du lieu d'où proviennent ses composants. Et ce, aussi bien dans le domaine gustatif qu'odorant et même visuel. Ainsi un couscous sera mieux goûté à Monastir par exemple qu'à Liverpool. Une fondue savoyarde risque bien d'être décevante à Abidjan quelque soin que l'on y mette pour la réaliser. Je ne sais trop comment expliquer cela mais il y a quelque chose dans l'air que ni la qualité des produits ni la maîtrise de celui qui les apprête ne peuvent remplacer.

Pour en finir, on notera que les vins rosés ne sont en aucun cas recommandés pour accompagner les plats truffés. Ce rejet unanime aurait-il force de loi ?

Il est temps maintenant de laisser Laurens Delpech vous faire profiter de toute son expérience. Je crois vous avoir dit quelques mots de cet homme d'exception, susceptible d'apprécier la robe d'un vin avec plus de finesse dans la perception des couleurs que Monet quand il peignait Les Nymphéas, doté d'un odorat capable de rendre jaloux mes chiens truffiers eux-mêmes et qu'on peut raisonnablement qualifier de surdoué de la papille gustative. Vous ne pourriez trouver sur toute la planète Terre un mentor plus émérite pour vous guider sans encombres sur le sentier semé d'embûches qui mène à la parfaite connaissance des accords de dégustation entre les truffes et les vins.

Les Accords des Truffes & des Vins

CHAMPIGNON voluptueux, reine des plaisirs gastronomiques, la truffe adore flirter avec le vin, elle est, comme le dit Emile Henriot :

«La truffe, servante fidèle,
Des bons vins qu'elle fait valoir»

Mais on mange rarement la truffe seule : elle est servie crue en salade ou sur du pain grillé, ou encore cuite, avec des œufs, du poisson, des coquillages, des crustacés, des volailles, des viandes, des abats, des fromages, voire même en sorbet. A chacune de ces préparations correspondra un vin différent. Bien que la truffe soit un champignon à la saveur et aux arômes particulièrement puissants, ses rapports avec les vins ne sont jamais qu'un cas particulier d'application des règles d'accord entre les mets et les vins.

L'art de boire
Le service
des vins doit être une symphonie
CONSULTEZ-NOUS POUR VOS MENUS

Savoir déguster

La scène se passe à Bordeaux, vers la fin des années cinquante. Nous sommes dans le meilleur restaurant de la ville, non loin du quai des Chartrons. Un homme grand, l'allure jeune, les cheveux noirs rejetés en arrière, portant des habits de coupe anglaise, se tient debout, un verre à la main. Il semble se concentrer intensément sur ce verre qu'il tient par le pied, comme il sied à un dégustateur professionnel. Ses compagnons de déjeuner, répartis autour d'une grande table ovale représentent la fine fleur du négoce bordelais et des propriétaires de grands vignobles. Certains visages sont graves, conscient de la solennité de l'instant ; d'autres sont moqueurs et ont l'air réjoui de quiconque voit un de ses concurrents entamer un remake de «Daniel dans la fosse aux lions».

Il s'agit d'un jeu, mais d'un jeu qui va consacrer ou entamer une réputation. On vient de tendre à Alexis Lichine une bouteille sans étiquette, il faut qu'il détermine le cru et l'année du flacon. Ses collègues et amis bordelais savent qu'Alexis goûte très bien, comme on dit dans le monde du vin. C'est un dégustateur hors pair, qui s'exerce presque chaque jour depuis un quart de siècle. L'épreuve n'en est pas moins redoutable, et les plus aguerris des dégustateurs n'en sont pas toujours sortis vainqueurs. Les dates, les noms, les sensations se bousculent dans l'esprit d'Alexis, mais sa mécanique intellectuelle et sensorielle s'est mise en marche avec souplesse et rapidité. Il faut procéder dans l'ordre et avec méthode. La couleur ? la robe assez évoluée avec des reflets tirant vers le brun laisse présager qu'il s'agit d'un vin déjà ancien, qui a probablement plus de vingt ans de bouteille. Le nez ?

Un bouquet subtil de sous-bois et de fruits à l'eau de vie, avec une pointe de cèdre permet de penser qu'il s'agit d'un médoc. En bouche, l'attaque est douce. La rondeur évoque un saint-estèphe. La longue finale montre qu'il ne peut s'agir que d'un grand millésime. L'absence de tannins indique que ce n'est pas un vin des années quarante ou cinquante. Il ne peut s'agir non plus d'un 34 ou d'un 37, qui ont encore une certaine raideur. C'est donc probablement un vin d'une des quatre grandes années de l'entre-deux guerres 24, 26, 28 ou 29. Mais les 26 et 28 ont toujours eu une forme de dureté qui ne se retrouve pas dans ce vin particulièrement bien équilibré.

La douceur de son attaque fait penser à 24, grande année mais un peu faible, ou 29. Alexis regoûte. La saveur pleine et profonde, la longueur sont autant d'indices qui font pencher la balance en faveur du millésime 1929. Il n'existe que trois grands châteaux susceptibles de produire un vin de cette classe dans la commune de Saint-Estèphe : Calon-Ségur, Montrose et Cos d'Estournel. Ce vin est trop rond pour être un calon. La profondeur et la finale très légèrement chocolatée feraient plutôt pencher la balance du côté de Cos que de celui de Montrose. Alexis lève les yeux, il parcourt lentement l'assemblée du regard avant de formuler son diagnostic: «Cos d'Estournel 1929».

Les applaudissements crépitent. Ceux qui arboraient auparavant une expression goguenarde s'empressent autour du vainqueur «Je savais bien, Alexis, que toi seul étais capable d'un tel tour de force».

Alexis Lichine, que les Américains ont déjà surnommé le Pape du vin, vient définitivement de s'imposer devant ses pairs, à l'âge de quarante-six ans, comme le meilleur dégustateur de la place de Bordeaux.

On mesure la somme de connaissances, le nombre de dégustations nécessaires pour accomplir un tel tour de force.

Nous ne pouvons pas tous être des Lichine, des génies de la dégustation, et nous ne possédons pas non plus son expérience, mais un peu d'attention et de savoir-faire nous aideront à mieux comprendre le vin pour mieux l'apprécier et trouver les meilleurs accords avec les mets.

Les règles de base

La première idée qui vient à l'esprit, dès qu'il s'agit d'un accord mets/vin, est de jouer sur **l'accord aromatique**. C'est souvent un bon choix : les vins de Pomerol arrivés à maturité dégagent de subtils effluves de truffes. On pense souvent à eux

spontanément quand on recherche un accord avec un plat à base de truffes. Le cacao se retrouve dans un vieux banyuls qui s'harmonisera bien avec un dessert au chocolat…

Il faut aussi prendre en compte **l'accord des textures** : un plat est sec ou onctueux, moelleux ou croquant. Les vins, quant à eux, se différencient par leur concentration, leur acidité et leur structure tannique, variables en fonction de leur origine et de leur degré de maturité. Un poisson tendre et fin s'harmonisera bien avec un vin blanc suave et rond comme un chassagne-montrachet. Un agneau rôti à la texture serrée s'accommodera bien d'un vin puissant et tannique comme un pauillac. Mais on peut aussi, dans certains cas, jouer sur l'opposition entre le vin et le plat : un vin blanc sec et acide sera parfait avec des huîtres très grasses. Il arrive d'ailleurs souvent qu'un cuisinier joue sur les accords ou les oppositions de textures de divers

aliments pour rendre un plat plus appétissant. Un blanc de poulet, naturellement un peu sec, sera ainsi souvent proposé nappé d'une sauce crémeuse. Faut-il alors accorder le vin avec le blanc de volaille ou avec la sauce ? Un accord réussi ne peut négliger **la garniture et la sauce** qui peuvent bouleverser l'équilibre des saveurs d'un plat. Les haricots verts soulignent l'amertume des tannins, un poisson dans une sauce au vin rouge s'harmonisera mieux avec un saint-julien qu'avec un riesling. Il faut encore distinguer la sauce élaborée avec les éléments qui composent le plat, laquelle agit en complémentarité (une daube avec du bœuf) de la sauce d'une origine totalement différente, qui agit souvent en opposition, un peu comme un condiment (mayonnaise avec le poisson). L'accord idéal doit tenir compte de toutes ces contraintes. Et qu'est-ce que l'accord idéal sinon celui qui vous apportera le plus de plaisir, vous laissera les plus beaux souvenirs ? Chacun d'entre nous possède un patrimoine gustatif unique, où sommeille l'équivalent virtuel de plusieurs madeleines de Proust, patrimoine à la fois singulier et universel (car partagé par d'autres), fruit de l'éducation, de souvenirs, d'expériences.

Dans la quête de l'accord idéal vous obtiendrez plus de satisfaction si vous jouez d'après les règles plutôt que si vous multipliez les tentatives d'accords iconoclastes. Comme le dit Jacques Puisais «Heureux celui qui sait lire, mais pour cela

il a dû apprendre l'alphabet». Nous avons donc recensé dix principes, parfaitement empiriques, qui gouvernent les accords mets/vin, neuf règles que nous appellerons **horizontales** car elles s'appliquent à des alliances ponctuelles et une grande règle **verticale** qui s'impose à un repas composé de plusieurs mets différents.

Règle Verticale

On a coutume de dire que le vin que l'on boit ne doit pas faire regretter le précédent. Il faut tenir compte de la progression des vins tout au long du repas et présenter les vins par ordre de force et de complexité croissante. Les blancs secs avant les rouges, les vins légers avant les vins tanniques, les vins jeunes avant les vins vieux. Cette règle peut connaître des difficultés d'application. Vous pouvez avoir envie d'accompagner un foie gras servi en entrée d'un sauternes avant de déguster un vin rouge sec avec le plat principal. En ce cas, il faut se rincer la bouche entre les deux plats, soit en servant un consommé léger, soit en proposant aux convives un verre d'eau minérale légèrement gazeuse (Badoit, par exemple).

La pétillance des bulles et les saveurs légèrement salées de l'eau minérale faciliteront la transition du moelleux vers le sec.

Roger Bontemps
Vivre obscur à sa guise,
Narguer les mécontents,
Eh gai ! c'est la devise
Du gros Roger Bontemps.
H Gerbault
Dessin de H. GERBAULT
Édité par DE RICQLÈS & Cie
LES CHANSONS (2e Série)

Règles Horizontales

1- Un vin puissant doit accompagner un plat riche en saveur (et inversement un vin léger...).

2- Des plats où prédominent des saveurs acides (tomate, citron, vinaigre...) doivent être accompagnés de vins qui ont une bonne acidité.

3- Les vins tanniques vont bien avec la viande rouge.

4- Avec des plats épicés, essayez des vins un peu doux (rosé d'Anjou, gewurztraminer...).

5- Faites attention à la sauce, qui apporte souvent la saveur dominante : il faut alors assortir le vin avec la sauce plutôt qu'avec le mets qu'elle accompagne.

6- Servir des vins rouges légers avec des volailles à chair blanche et des vins rouges plus corsés avec les volailles plus goûteuses ou à chair foncée (canard).

7- Il est (presque) toujours préférable de servir des vins blancs avec des plats à dominante claire et des vins rouges avec des plats à dominante foncée.

8- A la rigueur un vin rouge léger et frais, mais jamais de grand vin rouge avec des coquillages ou du poisson.

9- Avec les grands vins rouges, éviter de façon générale ce qui est herbacé, acide, sucré ou très épicé.

10- Ne pas servir de vins liquoreux avec les viandes «noires» ou les gibiers.

N'oubliez pas enfin, que quand on déguste un vin dont on veut apprécier toutes les qualités aromatiques, Il faut particulièrement veiller à sa température de service. On a en effet souvent tendance à servir les blancs trop froids et les rouges trop chauds... Voici à titre indicatif quelques exemples de température de service (en gardant en mémoire que le vin se réchauffe très vite dans le verre) :

De 4° *(température du réfrigérateur)* à 8°	Liquoreux *(sauternes, vendanges tardives...)*, Vins blancs de Loire, champagne, sylvaner...
De 8° à 10°	Vins blancs secs de Bordeaux et de Bourgogne, riesling, gewurztraminer, vins rosés...
De 10° à 14°	Très grands crus blancs secs de Bordeaux et de Bourgogne, hermitage et châteauneuf-du-pape blancs, vins de Loire rouges, vin jaune du Jura, côtes-du-rhône rouges génériques, beaujolais, vins rouges du Languedoc, porto tawny...
De 15° à 17°	Vins rouges de Bourgogne et de Bordeaux, grands-côtes-du-rhône, porto vintage...

Dans le cas spécifique des accords entre les vins et les truffes, la maturité du vin est un facteur important de l'accord. La préférence pour la maturité dépend beaucoup de l'accompagnement de la truffe. Une truffe crue, à la croque au sel ira merveilleusement bien avec un meursault dans toute sa plénitude ou un vieux sauternes. La même truffe, en compagnie d'un poisson cru ou d'une huître s'accordera avec un jeune chablis ou un pouilly-fumé. En règle générale, les grands vins rouges jeunes s'accordent mal avec les truffes en raison de leur fruité et de leur boisé, non encore fondu, qui provient de l'élevage en fûts de chêne neufs. Les notes de fruits rouges ne font pas non plus très bon ménage avec les truffes, sauf quand ces notes sont fondues dans un ensemble d'arômes tertiaires où dominent des arômes de champignon et d'humus, ce qui est généralement le cas des grands vins rouges parvenus à maturité. N'oubliez pas enfin que le chardonnay, le cépage des bourgognes blancs, n'aime pas beaucoup l'huile d'olive. Si vous voulez déguster un grand vin blanc avec une préparation de truffe contenant de l'huile d'olive, préférez à un bourgogne un hermitage ou un châteauneuf-du-pape blanc. Notez enfin que les vins blancs sont de meilleurs compagnons que les rouges pour les préparations à base d'œufs, qui consituent une grande partie des plats truffés (omelettes, brouillades, soufflés...).

Ces grands classiques de la haute cuisine que sont les recettes aux truffes exigent du discernement dans le choix des vins avec lesquels on les déguste. L'exceptionnel raffinement, la rareté et le coût de ces mets conduisent souvent à choisir des vins de haute gastronomie pour les accompagner, ce qui est parfaitement légitime et n'a rien de «grandiloquent». La truffe est un produit magique : ce mets de grand luxe est en même temps une fille de la terre, qui reste toujours très proche du terroir où elle est née. C'est une sauvageonne au sein bruni et à la robe déchirée, mais qui porte quand même un collier de diamants et s'accordera toujours mieux avec un château-margaux qu'avec un vin de pays... Rappelons enfin que la truffe est une star : elle en a l'éclat mais aussi la fragilité. Il faut la traiter avec beaucoup de précautions si on veut qu'elle conserve son arôme magique. Le vrai secret est de ne presque pas la cuire et de l'ajouter aux plats (même chauds) au dernier moment pour obtenir des mets pleins de goût et de saveurs.

A la recherche de l'accord idéal : un dîner chez Jean-Claude Ferrero

Depuis plusieurs années, la Fédération Nationale des Producteurs de Truffes et le Club des Amateurs de Grands Crus organisent chaque année un dîner de truffes où les accords les plus pertinents entre truffes et vins sont systématiquement recherchés. Le premier de ces dîners a eu lieu chez Jean-Claude Ferrero, un très grand cuisinier truffier, aujourd'hui malheureusement disparu. Peu de cuisiniers au monde ont eu autant le sens de la truffe, de sa cuisson et de ses affinités avec les autres aliments que Jean-Claude Ferrero qui, avec une élégante simplicité, avait suggéré un menu où le parfum de la truffe pouvait s'exprimer pleinement :

Truffe & Rémoulade de Céleri
Salade de Truffes & de Rattes
Œufs brouillés aux Truffes
Truffes en papillote au Foie Gras
Parmesan à la Truffe
Glace à la truffe

Le premier plat, qui offrait un superbe contraste de couleurs, était accompagné d'un magnum de champagne **Bollinger Grande Année 1985**. Le bollinger, issu pour deux tiers de pinot noir a beaucoup de corps, ce qui lui permet d'accompagner tout ou partie d'un repas. Les bulles fines et dorées de ce grand vin se

mariaient parfaitement avec l'acidité du céleri et la puissance de la truffe. Si la truffe est une sauvageonne, c'est aussi une croqueuse de diamants : elle adore le champagne.

Sur la *Salade de Truffes et de Rattes*, l'innovation consistait à recourir au **château-de-fieuzal blanc 1992**, genre de vin que l'on songe rarement à associer à des truffes. Cet excellent vin de Graves (c'est un pessac-léognan) au nez très sauvignon, finement relevé par des notes de vanille, de fruits exotiques et d'agrumes, accompagnait de manière plaisante cette délicate petite salade mêlant truffes et pommes de terre. Le parfum subtil des truffes se mariait bien avec la douceur des rattes, à la consistance agréablement ferme et le vin choisi venait souligner l'accord sans l'accabler. Le même vin a accompagné avec le même succès les *Œufs brouillés aux truffes*. Les œufs se marient difficilement avec le vin. D'autant plus difficilement que le vin est puissant et vieux. Un vin blanc majoritairement issu du cépage sauvignon est peut-être le meilleur accord possible, surtout un Fieuzal, réputé pour son gras et sa rondeur, et suffisamment complexe par ailleurs pour former avec la saveur des truffes un accord savamment hédoniste. L'accord a également bien fonctionné avec un vin blanc du Rhône le fameux **hermitage blanc «Chevalier de Sterimberg»** de Jaboulet, du millésime 1994. La fraîcheur et le gras du vin accompagnant parfaitement l'onctuosité de la pré-

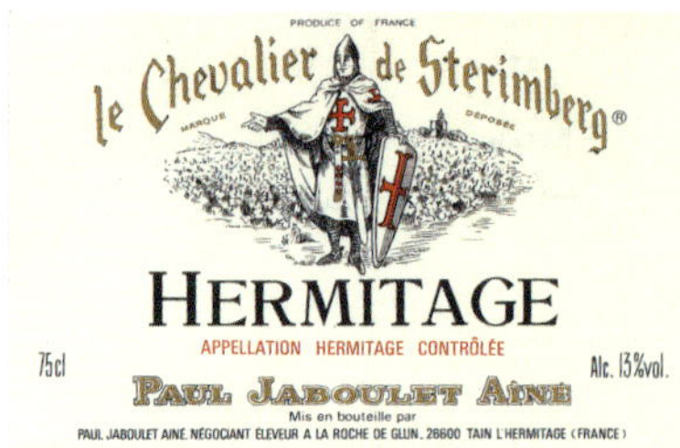

paration.

Les Truffes en papillote au foie gras étaient servies avec deux grands vins rouges de Bordeaux du millésime **1985**, un pauillac, le **pichon-longueville-comtesse-de-lalande** et un pomerol, le **château-l'évangile**. Le pichon-comtesse a une belle robe rubis, il a un nez très merlot (fruits rouges) avec des nuances herbacées et des notes de cèdre et d'épices. C'est un vin séduisant, assez souple en bouche. L'évangile, d'une belle couleur foncée déploie un bouquet complexe de cassis, de framboise et d'épices. Ses tannins bien fondus s'accordent de manière heureuse avec l'onctuosité du foie gras. Sa belle charpente et sa finale satinée contribuent à faire de ce vin l'archétype du grand pomerol, puissant et sensuel, mais aussi subtil et fin. Un nuits-saint-georges Les Saints Georges 1989 de Faiveley a aussi permis de beaux accords. Ce premier cru a un très beau nez puissant et fin de réglisse, de caramel et de compote de cerise. La bouche est élégante, les tannins sont ronds, le vin se caractérise par sa puissance et sa plénitude, mais il n'est pas déplacé sur ce plat en raison de sa rondeur et de son charme. C'est le type de vin qui accompagne en fait fort bien toutes les préparations à base de truffes, à l'exception peut-être des coquillages et des poissons. La truffe s'accorde bien aux légers arômes tertiaires (sous-bois, rose fanée) que commence à développer ce grand bourgogne.

Weintrauben.

1. Früher Burgunder. — 2. Grüner Sylvaner. — 3. Weißer Damaszener. — 4. Krachgutedel. — 5. Gros Colman. — 6. Roter Gutedel. — Bei allen Figuren eine Beere in natürlicher Größe, eine Triebspitze und das Blatt im Umriß.

Meyers Konv.-Lexikon, 5. Aufl. Bibliographisches Institut in Leipzig. *Zum Artikel »Weinstock«.*

Changement de registre avec le *Parmesan à la Truffe*, sur lequel nous tentons deux accords, avec un blanc et avec un rouge. Le vin blanc était un **bienvenues-bâtard-montrachet 1991 d'Olivier Leflaive**. Ce grand cru, à la belle couleur or foncé, au bouquet de miel sec et d'amande grillée, représente l'archétype du grand bourgogne blanc. Puissant et onctueux, il déploie une bouche magnifique, dense, concentrée et profonde avec une superbe note vanillée qui persiste en finale et s'accorde bien avec la saveur un peu âcre du parmesan tandis que sa puissance vient souligner le parfum de la truffe. Quant au vin rouge, c'était une **côte-rôtie brune et blonde 1986 de Guigal**, un vin puissant, sentant la framboise et la violette. Celui de Guigal est toujours un des plus réussis de l'appellation. Plus rustique qu'un grand bordeaux, il s'alliait bien avec le Parmesan aux Truffes. Sa richesse tannique, qui aurait pu poser un problème pour un accord avec un fromage à pâte molle, s'harmonisait parfaitement avec le côté un peu sauvage du Parmesan, rehaussé de flaveurs de truffes.

C'est volontairement que nous avons placé le sauternes en fin de dégustation. Il se serait bien accordé avec d'autres plats du menu, mais sa puissance et son caractère liquoreux auraient nui à la dégustation des autres vins. Il est toujours possible de servir un vin liquoreux sur un dessert, à condition que celui-ci ne soit pas trop sucré. En l'occurrence, bien qu'il ne soit jamais facile d'apparier une glace ou un sorbet avec un vin, la *Glace à la Truffe*, avec sa consistance agréablement friable rappelant un sorbet de «trou normand» a remarquablement mis en valeur le **château-de-fargues 1988**. Les saveurs confites de ce sauternes, qui se caractérise par un très beau nez à dominante de miel et de confiture de coings, avec des nuances mentholées, exaltaient les arômes de truffes de ce sorbet délicat.

Précisons que toutes les truffes utilisées lors de ce dîner étaient de la variété *tuber melanosporum*, au goût sauvage et profond, aux arômes intenses, presque entêtants. Associée avec des mets, la *tuber melanosporum* s'assagit, ce concentré de force et de saveur sait alors composer avec d'autres goûts et d'autres textures pour produire de succulentes alliances.

Fig. 42. — Pressoir continu Mabille.

Les vins de Bordeaux sont produits à partir de terroirs d'exception, bien exposés et bénéficiant d'une alimentation en eau bien régulée. Le vignoble est protégé de l'océan par la forêt; le climat tempéré du Bordelais convient parfaitement à la culture de la vigne. Les gelées hivernales sont rares, les printemps doux et humides. Les étés sont chauds, mais sans excès, et les automnes généralement secs, ce qui est excellent pour la maturation du raisin et la qualité de la vendange. Les variations climatiques donnent sa personnalité propre à chacun des millésimes. Les plus grands millésimes sont issus d'étés chauds et secs et n'ont généralement pas connu la pluie pendant la vendange. L'automne venu, peu après les vendanges, on trouve dans le bordelais beaucoup de cèpes (souvent préparés sautés à la poêle avec une pointe d'ail et du persil) et autres champignons, mais on n'y trouve guère de truffes. Ceci n'empêche pas les vins de Bordeaux de compter parmi les meilleurs vins truffiers.

Les Vins de Bordeaux & les Truffes

LES CRUS DE MARGAUX

Château Margaux

Les vins de Margaux sont souvent qualifiés de «féminins» en raison de leur grâce et de leur délicatesse, mais ce sont également des vins solides et de grande garde. Avec les pauillacs, ce sont parmi les crus du Médoc, ceux qui vieillissent le plus lentement. Comme eux, ils s'accordent bien avec la viande d'agneau, avec le canard, les gibiers, mais aussi les gibiers légers, les plats de champignon et la truffe... Ce sont des vins délicats et sensibles mais qui ont quand même une trame serrée : un bon margaux accompagne fort bien des viandes goûteuses. Quatre margaux retiendront plus particulièrement notre attention : Château Margaux, Château Kirwan, Château d'Issan et Château Cantenac Brown.

Château Margaux est peut-être le plus connu de tous les grands vins français. A côté du grand vin, Château Margaux fait aussi deux seconds vins, un vin rouge, le pavillon rouge du château-margaux, qui existe depuis 1908 et un délicieux vin blanc sec au parfum original et subtil, le pavillon blanc du château-margaux. Vous pouvez ainsi faire tout un repas truffier avec des vins du Château Margaux, en commençant par des *Saint-Jacques aux truffes* et un pavillon blanc, suivi d'une viande ou d'une volaille truffés, accompagnés de pavillon rouge ou de château-margaux...

Il existe à Margaux bien d'autres vins dignes de retenir l'attention, comme le **Château Kirwan**, qui accompagnera avec bonheur un *oreiller de la Belle Aurore*, c'est à dire un pâté de forme carrée composé de gibier à plume, de ris de veau, de foie gras, de truffes et de fine champagne. Le nom donné à ce plat succulent

Autre grand margaux truffier, le **Château d'Issan**, un cru classé aux références historiques impressionnantes. Il fut servi lors du mariage d'Aliénor d'Aquitaine avec l'héritier du trône d'Angleterre, en 1153... Issan était également le vin préféré de l'ancienne cour d'Autriche-Hongrie, et notamment de l'empereur François-Joseph. D'ailleurs, la fière devise d'Issan «*Regum mensis arisque deorum*» indique que c'est un cru servi sur la table des rois et les autels des dieux... Ce vin charnu et corsé, à la fois solide, racé et savoureux, exprime bien toute la finesse des Margaux. C'est, par exemple, un excellent compagnon pour la *truffe aux choux* de Michel Lorrain.

Quant à **Cantenac Brown**, il bénéficie d'un emplacement privilégié au cœur de l'appellation Margaux. Il est produit chaque année 180 000 bouteilles de cet excellent margaux, aux arômes de cassis et de réglisse, et à la texture puissante, qui reflète bien la dominante cabernet-sauvignon de son encépagement.

Château Kirwan

Château d'Issan

Cantenac Brown

LES CRUS DE SAINT-JULIEN

Située au centre du Médoc, entre Margaux et Pauillac, l'appellation Saint-Julien est très homogène du point de vue de son terroir : une nappe de graves qui a la forme d'un grand rectangle de près de 5 km de longueur sur 3,5 km de largeur. Cette homogéinité explique qu'on y trouve une des plus importantes concentrations de crus classés dans le Médoc (11 crus classés dont 5 seconds), On dit des vins de Saint-Julien qu'ils ont «la force des pauillacs et la finesse des margaux». Colorés et fruités, ils ont beaucoup de distinction et s'expriment pleinement après quelques années de garde. Ils se marient avec les mêmes plats que les margaux ; on peut par exemple les recommander sur un *pigeonneau truffé* qu'un bon saint-julien accompagnera avec beaucoup de finesse et de suavité. Deux crus classés de Saint-Julien ont connu une véritable renaissance au cours des années 80 et sont parvenus aujourd'hui à un niveau d'excellence tout à fait remarquable : il s'agit de Lagrange et de Branaire-Ducru.

Le Château Lagrange

Le **Château Lagrange** est un vin de longue garde, bien typé saint-julien : riche et mûr, avec un beau substrat tannique et une pointe d'acidité qui garantit la fraîcheur et l'équilibre. Ce sera le partenaire idéal d'un *filet de bœuf sous la cendre* (filet de bœuf en brioche, fourré de foie gras, accompagné d'une sauce périgeux avec un hachis de truffes) ou, plus simplement, d'une *poularde*

truffée. Classé quatrième cru en 1855, le **Château Branaire**, un vin savoureux et élégant, ira très bien sur des *cotelettes de caneton Pojarsky* (boulettes de canard haché, de foie gras et de truffes servies avec une sauce au vin de saint-julien très réduite).

Château Branaire

Château Lafite-Rothschild

LES CRUS DE PAUILLAC

L'appellation Pauillac compte parmi les plus prestigieuses du Médoc. Dix-huit châteaux situés dans cette commune figurent dans le classement des vins de Bordeaux de 1855, dont trois des cinq premiers crus classés (Lafite-Rothschild, Latour et Mouton-Rothschild). Les vins de Pauillac représentent à bien des égards l'archétype du grand cru de Bordeaux. Ce sont des vins très pleins, austères quand ils sont jeunes, mais qui s'assouplissent avec l'âge. Dans les grands millésimes, ils ont un fabuleux potentiel de vieillissement. Les plats avec lesquels ils s'accordent conviennent aussi souvent aux autres crus du Médoc, notamment l'agneau, mais il faut prendre en compte avec les pauillacs le paramètre de la puissance, et les accords avec des plats qui ont beaucoup de goût (comme un ragoût de truffes) et les gibiers un peu faisandés. Les vins développent en vieillissant des notes de tabac et de cèdre qui vont très bien avec la plupart des préparations truffées. Parmi les pauillacs qui se détachent nettement du lot, il faut citer, outre les trois premiers crus classés, les deux Pichon-Longueville, Lynch-Bages et Pontet-Canet.

Le **Château Lafite-Rothschild** se caractérise par sa finesse et son élégance. Le nez est subtil et complexe avec des arômes riches et concentrés parmi lesquels on distingue souvent une note de violette. En bouche, il est harmonieux et présente un bel équilibre entre des tannins bien mûrs, le fruit et l'acidité. La persistance est toujours étonnante. Ce grand vin de haute gastronomie accompagne de multiples préparations mais il sera remarquablement mis en valeur par les saveurs à la fois puissantes et subtiles d'un *filet d'agneau de Pauillac aux truffes*...

Le **Château Pichon Longueville Comtesse de Lalande** est un vin qui se boit bien quand il est jeune (à cause du pourcentage important de merlot qui entre dans sa composition), ce qui ne l'empêche pas d'avoir un excellent potentiel de vieillissement. La présence du merlot favorise le développement d'arômes de truffe qui permettent d'associer ce vin avec de nombreux plats de viandes truffées (viandes blanches ou rouges, voire gibier), ou même des recettes originales et assez typées comme des copeaux de Parmesan servis avec des truffes, (légèrement assaisonnés d'un peu de vinaigre balsamique). Pichon-Lalande a la structure du pauillac et l'onctuosité du pomerol, ce qui lui permet de relever bien des défis culinaires.

Château Pichon Longueville Comtesse de Lalande

Pichon-Longueville

Second Cru Classé de Pauillac, le château **Pichon-Longueville** est un des fleurons du groupe Axa-Millésimes qui l'a acquis en 1987. C'est un grand pauillac de garde qui atteint dans les meilleurs millésimes un magnifique équilibre entre la richesse et l'élégance. A maturité, il accompagnera bien un *tournedos Rossini* (petite pièce de filet de bœuf servie sur un canapé avec une escalope de foie gras et une lame de truffe, nappée d'une sauce périgueux aux truffes hachées).

Château Lynch-Bages

Situé aux portes de Pauillac, entre Mouton-Rothschild et Lafite-Rothschild au nord, Pichon-Comtesse et Pichon-Baron au sud, le **Château Lynch-Bages** est un des plus beaux domaines du Médoc.

Ce cinquième cru classé est aujourd'hui l'équivalent du point de vue qualitatif d'un deuxième cru classé. C'est un vin d'une couleur pourpre très soutenue, presque noire ; il a souvent un nez de fruits mûrs avec une pointe de menthe et des flaveurs de cassis. En bouche, il est riche et plein, très savoureux, merveilleux avec, par exemple, des *petits chaussons de pommes de terre aux truffes.*

Pontet-Canet

Autre superbe cru classé de Pauillac, château **Pontet-Canet** possède 78 hectares de vignes situées en grande partie au nord de l'appellation, sur le plateau des Carruades, que Pontet-Canet partage avec Mouton et Lafite : il se trouve donc en bonne compagnie... Depuis la reprise en main de la propriété par Alfred Tesseron, la qualité du vin produit a considérablement augmenté, et égale maintenant celle des meilleurs. Une qualité reconnue au plan international, puisque le célèbre critique américain Rober Parker a écrit en 1996 : «Si l'on peut imaginer un équivalent de Château Latour pour beaucoup moins cher, c'est sans doute Pontet-Canet». Les grands pauillacs, droits et fermes s'accordent bien avec des plats simples et goûteux. Essayez donc Pontet-Canet sur un *sandwich de truffes au vieux parmesan et sel de guérande...*

LES CRUS DE SAINT-ESTÈPHE

Saint-Estèphe

L'appellation d'origine contrôlée **Saint-Estèphe** est la plus septentrionale et la plus étendue des six appellations communales du Médoc. Elle compte cinq crus classés en 1855 (dont deux seconds cru classés : Cos d'Estournel et Montrose) et de nombreux crus bourgeois. Les vins de Saint-Estèphe sont des vins puissants, charnus et fruités. Ainsi peuvent-ils vieillir longtemps tout en conservant jeunesse et fraîcheur. Ils accompagnent très bien les plats goûteux (salmis de palombe) et le gibier faisandé (à condition de choisir une vieille bouteille). Comme le merlot se trouve en plus forte proportion à Saint-Estèphe que dans d'autres communes du Médoc, le Saint-Estèphe est un vin ami des truffes, car il développe avec l'âge des notes de sous-bois et de cuir qui se marient bien avec les arômes puissants de la *tuber melanosporum*. Par ailleurs, ce sont des vins concentrés, et leur forte expression en bouche tiendra bien tête à des textures animales assez serrées, ce qui en fait un bon compagnon des plats de viande rouge truffés. Il faut choisir de préférence des plats à la fois élégants et fins, pour que l'accord avec le vin soit optimal[8].

Cos d'Estournel

«Star» incontestée de Saint-Estèphe, **Cos d'Estournel** fait

8 - *A Strasbourg, Emile Jung proposait en février 2000 un Calon-Ségur 85 avec sa poularde Cosima Wagner (poularde aux truffes noires, marrons confits et crosnes).*

partie des «Super Seconds», comme il est convenu d'appeler ces seconds crus classés du Médoc qui ont su s'élever suffisamment haut pour créer une sorte de classe intermédiaire entre les seconds crus classés et les premiers crus classés. C'est un vin à la fois charnu et élégant, avec beaucoup de race et de complexité. Il vieillit admirablement. Les arômes d'humus d'un cos-d'estournel parvenu à maturité s'harmonisent fort bien avec les senteurs terriennes de la truffe. Essayez par exemple de déguster un vieux millésime avec des *côtelettes d'agneau panées et grillées à la purée de truffes...*

Lafon-Rochet

Autre excellent cru classé de Saint-Estèphe, voisin de Cos, château **Lafon-Rochet** a une proportion de merlot importante pour le Médoc (40%) dans son éncépagement, ce qui donne au vin beaucoup de charme et de rondeur. De fait, puissant, riche et concentré comme doit l'être un saint-estèphe, le vin de Lafon-Rochet sait aussi être suave et charmeur et s'accordera avec des plats complexes comme un *gâteau de topinambours et foie gras aux truffes.*

Phélan Ségur

Cru bourgeois de Saint-Estèphe, du niveau d'un cru classé, château **Phélan Ségur** provient de l'union de deux propriétés, dont le Château Ségur, union réalisée au début du XIXème siècle par Frank Phélan, d'origine irlandaise. Il a été racheté en 1985 par Xavier Gardinier, qui le dirige aujourd'hui, avec son fils Michel. Le vin de Phélan-Ségur est un modèle d'équi-

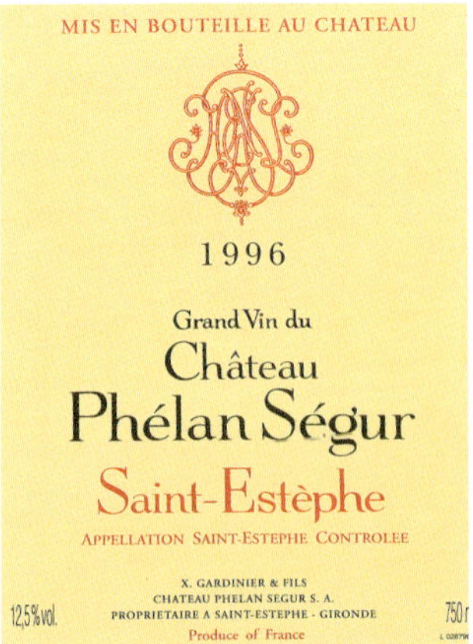

libre. Il a la puissance des meilleurs saint-estèphes avec des arômes subtils et une trame soyeuse et raffinée. Il faut le déguster avec des plats également forts et subtils comme un *sandwich tiède de truffes fraîches au pain de campagne et au beurre salé.*

LES CRUS BOURGEOIS DU MÉDOC

La plupart des crus bourgeois du Médoc sont des vins d'une excellente qualité. Les meilleurs d'entre eux sont situés sur un terroir équivalent à celui de bien des crus classés et ont accompli depuis dix ou quinze ans d'énormes progrès qualitatifs. La hausse des prix des crus classés de Bordeaux a été si

forte depuis quatre ans qu'elle donne par ailleurs aux crus bourgeois un attrait incontestable en terme de rapport qualité-prix. C'est du moins le cas de tous ceux que nous citons.
Les crus bourgeois ont une typicité voisine de celle des crus classés des communes auxquels ils appartiennent et s'accordent donc avec les mêmes mets. Les crus bourgeois des appellations régionales (Médoc et Haut-Médoc), comme l'excellent **Rollan de By**, seront parfaits sur les mêmes accords. Il faut citer en tous cas au panthéon des vins truffiers un des meilleurs crus bourgeois, **Château Poujeaux**. La grande diversité de sa palette aromatique lui permet d'accompagner aussi bien un *foie gras poêlé aux truffes* qu'un *perdreau truffé*, ou alors des préparations rustiques et goûteuses, à la limite de ce que le général de Gaulle appelait des «plats canailles», comme le *parmentier de queues de bœuf aux truffes*...

Rollan de By

Château Poujeaux

Les Graves, Pessac-Léognan

Le vignoble des Graves commence quelques kilomètres au sud de Bordeaux et s'étend jusqu'à Langon sur une bande de terre de soixante kilomètres de long et vingt kilomètres de large. La région doit son nom à la nature particulière de son sol, où abondent les galets de l'âge glaciaire amenés des Pyrénées par la Garonne. Les plus grands crus sont au nord de la région, ils ont été regroupés en 1987 dans l'appellation Pessac-Léognan, qui rassemble dix communes. Ce vignoble produit d'excellents vins rouges, à partir d'un encépagement comparable à celui du Médoc (cabernet-sauvignon, cabernet-franc, merlot), mais aussi les plus grands vins blancs secs de Bordeaux à partir des cépages sauvignon et sémillon. Les vins rouges de Graves ont des accords voisins de ceux des vins du Médoc ; mais ils sont souvent à la fois plus nerveux et moins puissants (sauf Haut-Brion) et arrivent plus vite à maturité en développant de fines notes fumées. Ce sont d'excellents partenaires du gibier à plume et de toutes les viandes blanches délicates truffées, comme le veau. Les accords avec les vins blancs de Graves sont intéressants car ils ouvrent la palette aromatique dans une région où - comparativement à la Bourgogne -, il y a relativement peu de vins blancs. Les vins à base de sauvignon iront très bien avec les fruits de mer truffés (huîtres[9], coquilles Saint-Jacques), et l'ensemble des pessac-léognan blancs avec des filets de sole, des homards, des ris de veau, voire un vol-au-vent financière.

9 - *On boit des Graves blancs dans le bordelais, avec les «huîtres-saucisses» : des huîtres servies avec des saucisses au vin blanc ou même, dans les grandes occasions, des crépinettes (saucisses plates faites de chair à saucisse et de truffe fraîche hachée). S'inspirant de cette tradition, Alain Dutournier prépare au Carré des Feuillants des huîtres en crépinette où l'huître crue est mise dans la crépinette chaude, ce qui créé un contraste très savoureux.*

DE
SMITH
CHATEAU
MARTILLAC
1992
CHATEAU

Classé en 1855 et lors du classement des graves en 1959, le **Château Haut-Brion** est le premier des pessac-léognan. Ses 46 hectares sont situés dans la banlieue sud de Bordeaux. La renommée du cru, dont l'histoire s'étend sur plus de cinq siècles est immense. Haut-Brion est le seul cru classé en 1855 qui ne soit pas situé dans le Médoc ; il appartient, de surcroît, au cercle très fermé des premiers crus classés. C'est un vin précoce, charnu, très savoureux avec un très beau bouquet aux notes fumées et des tannins soyeux. Assez vite agréable à boire, il vieillit fort bien, faisant montre d'une remarquable longévité. Le vin blanc est délicieux mais produit en quantité confidentielle. Le blanc comme le rouge eussent été de dignes compagnons des *cailles en sarcophage* du «Festin de Babette», la nouvelle de Karen Blixen.

Le **Château Smith Haut-Lafitte** s'impose comme une des étoiles montantes du Bordelais avec des vins élégants, puissants et très complets, en blanc comme en rouge. Smith Haut Lafitte rouge est un vin de grande ampleur, avec une texture soyeuse et un grand charme aromatique. Smith Haut Lafitte blanc est un vin élégant et savoureux, au boisé délicat, avec de fines notes d'agrumes. Il accompagnera bien la *rosace de saumon mariné à l'huile truffée*, la lotte aux écailles de truffe, mais sa finesse minérale et sa légèreté feront merveille sur un *buisson de haricots verts aux truffes*, servi avec un cœur de trévise, et

Château Haut-Brion

Château Smith Haut-Lafitte

Domaine de Chevalier

quelques cerneaux de noix.

Le **Domaine de Chevalier** se trouve à une vingtaine de kilomètres au sud de Bordeaux, dans une forêt de pins au sud-ouest de la petite ville de Léognan. Les chevaliers rouges se caractérisent par une élégante structure longiligne, qui rappelle plus les vins du Médoc que ceux des Graves. Ils ont beaucoup de distinction et une superbe finale, très longue. Ils vieillissent très bien.

Les chevaliers blancs comptent parmi les plus grands vins blancs secs de Bordeaux.

Un vieux chevalier blanc aux arômes de miel et de fruits exotiques est idéal sur des plats très fins, comme le *filet de veau à la ficelle et couscous aux truffes*, un plat créé par Joachim Koerper (Girasol) ou encore le *filet de truite saumonée sur un lit d'épinard, à la crème de truffes noires*, un grand classique du «Palais Schwarzenberg» à Vienne.

Nous avons déjà mentionné le **Château de Fieuzal** lors du dîner truffier mythique chez Ferrero.
Autre fleuron des pessac-léognan, le **Château Carbonnieux** est une des propriétés les plus anciennes de cette région. Elle a appartenu à des Bénédictins, qui exportaient leur vin blanc jusqu'à Constantinople, où il était fort apprécié dans le harem du Sultan. Pour ménager les susceptibilités islamiques, le vin était étiqueté «Eau minérale de Carbonnieux en Guienne». Carbonnieux appartient depuis 1956, à la famille Perrin. Le domaine produit en moyenne 300 000 bouteilles de rouge et 240 000 bouteilles de blanc par an. Le vin blanc de Carbonnieux est gras et aromatique, fruité mais élégant avec une fine touche boisée et s'entendra fort bien avec, par exemple, *un feuilleté de truffes au vin de Graves*.

Au cœur de l'appellation Pessac-Léognan, sur une des croupes les plus élevées de la rive gauche de la Garonne, le **Château Haut-Bailly** domine un vignoble d'un seul tenant d'une superficie de 33 hectares. Les vins sont spontanément élégants, racés, harmonieux et souples. A l'aveugle on confond souvent ces vins de velours au subtil bouquet de griotte avec des

Château de Fieuzal

Château Carbonnieux

Château Haut-Bailly

Château Latour-Martillac

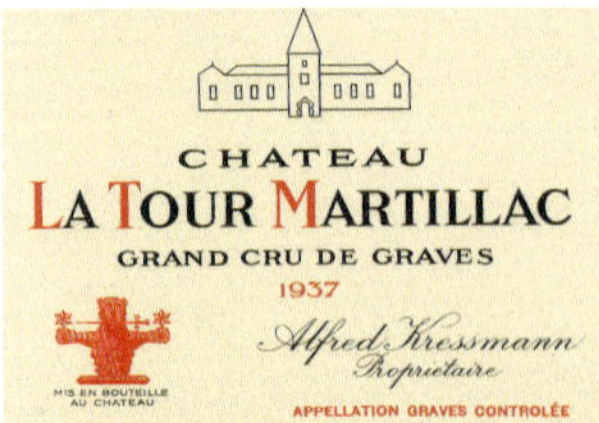

Château Malartic-Lagravière

pomerol, bien que les vignes de Haut-Bailly soient majoritairement composées de cabernet. Une source fidèle et sûre d'accords inoubliables avec des plats de haute gastronomie, comme une *tourte de truffes briochée*.

Le **Château Latour-Martillac**, qui appartient à la famille de négociants bordelais Kressmann, doit son nom à la tour ornant sa cour d'honneur, vestige d'un fortin bâti au XIIème siècle par les ancêtres de Montesquieu. Ornés de la fameuse étiquette «barrée d'or et de sable», les vins de Latour-Martillac sont fins et racés. Le blanc est fruité et très aromatique. Un excellent accompagnement pour des *plates de Cancale aux truffes*.

On ne saurait conclure ce florilège de vins de Graves, précieux auxiliaires de la gastronomie truffière, sans citer le **Château Malartic-Lagravière**, qui produit un vin blanc fin et très aromatique. Le vin rouge, marqué par un fort pourcentage de cabernet-sauvignon séduit par la subtilité de son bouquet épicé relevé par de fines notes de cèdre. Un accompagnement idéal pour ce grand classique de la cuisine française qu'est devenue la *soupe aux truffes noires VGE*, créée par Paul Bocuse.

HAUT-BAILLY
CRU EXCEPTIONNEL
1944
LEOGNAN
1947

SAUTERNES APPELLATION
1947
MIS EN BOUTEILLE AU

Le sauternes, considéré comme l'un des plus grands vins blancs liquoreux du monde, est à la fois le nom d'un vin et d'un village, situé à 40 kilomètres au sud de Bordeaux. La région de Sauternes bénéficie d'un microclimat, particulièrement propice à la production de vins liquoreux à partir de raisins attaqués par la pourriture noble. Le Sauternais est en effet traversé par le Cirons, une rivière froide, qui se jette dans la Garonne, fleuve plus chaud, favorisant ainsi l'apparition de brumes matinales. Cette humidité ambiante permet le développement d'un champignon appelé *Botrytis Cinerea* qui décolore les baies, les recroquevilles et concentre leur teneur en sucre et leur acidité. Le sauternes, s'il est riche, onctueux et presque mielleux, possède également une forte acidité qui met en valeur sa saveur sucrée.

L'archétype du grand bordeaux liquoreux est le Château d'Yquem, mais les châteaux Rieussec, Suduiraut et le château de Fargues font aussi des vins délicieux, fins et onctueux.

Depuis toujours, **Yquem** est le plus grand des sauternes. Son vignoble s'étend sur une croupe de 102 hectares, au sommet de laquelle se trouvent le château et ses dépendances. L'encépagement est constitué de sauvignon (20%) et de sémillon (80%).

Le sémillon est parfaitement adapté aux conditions particulières du Sauternais. Il est riche, séveux, et fournit au vin

Yquem

Château de Fargues

charpente et volume. Le sauvignon, plus précoce et moins régulier que le sémillon, apporte ses arômes puissants et son incomparable finesse. Rendements très faibles (cinq fois moins qu'un Cru Classé du Médoc, chaque pied de vigne ne donne qu'un verre d'Yquem)...

Aléas du climat, difficultés de vinification, tout se combine pour justifier la rareté de ces vins, dont la production moyenne varie entre 60 et 70 000 bouteilles par an. Certaines années, il n'y a pas d'Yquem. Ce fut le cas en 1910, 1915, 1930, 1951, 1952, 1964, 1972, 1974, 1992. Par sa qualité constante, par ses références historiques (une récente dégustation a porté sur un verticale d'Yquem allant de 1995 à...1784), Yquem s'est affirmé comme le plus grand vin liquoreux du monde et le plus mythique des grands crus bordelais ; d'ailleurs le classement de 1855 situe Yquem à part dans la classe qu'il est seul à occuper de «premier cru supérieur». En 1999, la majorité de la société du Château d'Yquem a été acquise par le groupe LVMH, mais le domaine est toujours dirigé par le Comte Alexandre de Lur-Saluces.

Gravement endommagé lors d'un incendie en 1687, le **Château de Fargues** ne fut jamais reconstruit et laisse apparaître à travers les brumes du Sauternais des ruines spectaculaires qui pourraient servir de décor pour un film. Non classé

en 1855 parce qu'il y avait alors fort peu de vignes blanches sur la propriété, Fargues, qui appartient aux Lur-Saluces, bénéficie du même degré d'exigence qu'Yquem. La conduite de la vigne, les modes de vendange et de vinification sont similaires, à ceci près que Fargues n'est pas fermenté dans des barriques neuves, mais dans des barriques ayant déjà servi à faire du Château d'Yquem. La superficie des vignes est de 13 hectares, et la répartition de l'encépagement est la même que pour Yquem (20% sauvignon, 80% sémillon).

Le **Château Rieussec** est situé sur la commune de Fargues, un ruisseau le sépare d'Yquem. Le vignoble s'étend sur 75 hectares avec 90% de sémillon, 7% de sauvignon et 3% de muscadelle. Le terroir est assez hétérogène avec une forte présence de graves et, par endroit, du sable avec des couches d'argile en dessous. La présence de l'argile expliquerait la couleur de Rieussec, légèrement plus foncée que celle d'Yquem.

Rieussec a été racheté fin 84 par les Domaines Barons de Rothschild et fait donc partie de cette grande famille de crus

Château Rieussec

Suduiraut

prestigieux qui englobe également Château Lafite à Pauillac et L'Evangile à Pomerol. Un nouveau chai a été construit en 1989. Rieussec est vinifié dans des cuves en inox mais élevé jusqu'à trente mois en barriques neuves.

Le vignoble de **Suduiraut** s'étend sur 200 hectares, dont 88 de vignes, sur un sol de graves sablo-argileuses planté de sémillon (80%) et de sauvignon (20%). La qualité de ce premier cru de Sauternes est le produit de l'attention extrême portée à son élaboration. Une très faible production favorise une bonne concentration des sucres. Cette sélection va jusqu'à la suppression du grand vin quand toutes les conditions de qualité ne sont pas réunies : il n'a pas été produit de Suduiraut pendant trois années consécutives, en 1991, 1992 et 1993. Les vins de Suduiraut sont racés, moelleux et complexes, d'une remarquable longévité. Depuis 1992, Suduiraut appartient à AXA Millésimes.

A table le sauternes est un vin impérieux, qui risque d'écraser les vins suivants par la puissance et la richesse de ses arômes. La solution consiste à le placer en fin de repas, ou à faire suivre le plat qu'il accompagne d'une tasse de consommé double en guise de transition, pour restaurer les capacités gustatives des convives. Si cette solution n'est pas retenue, il faut le faire suivre d'un médoc jeune, bien chargé en fruit et en tannins, ou d'un hermitage. Les sauternes accompagnent très bien le foie gras comme les *ravioles de roie gras, crème truffée* du Grand Véfour, *le lobe de foie gras truffé cuit tel un Baeckeoffe* servi par Emile Jung au Crocodile, à Strasbourg, mais aussi le foie gras en terrine, en salade[10] ou poêlé[11], certains poissons comme le bar et l'alose, préparés avec une sauce crémée et servis avec des truffes, *le civet de homard, le ragoût de homard avec fettucini et truffes, les gratins de crustacés aux truffes, les gibiers à plume truffés, la pintade à la crème et aux truffes, les paupiettes de poulet Lucullus* (des paupiettes de poulet farcies d'un dé de foie gras et d'une lamelle de truffe) ou les ris de veau, par exemple un ris de veau truffé accompagné d'une sauce de homard légèrement crémée. C'est aussi un merveilleux partenaire du Roquefort. En fin de repas, il s'accorde bien avec les fruits (notamment les pêches) et tous les desserts à base d'amandes, commme le Pithiviers, ou encore à base de Cointreau.

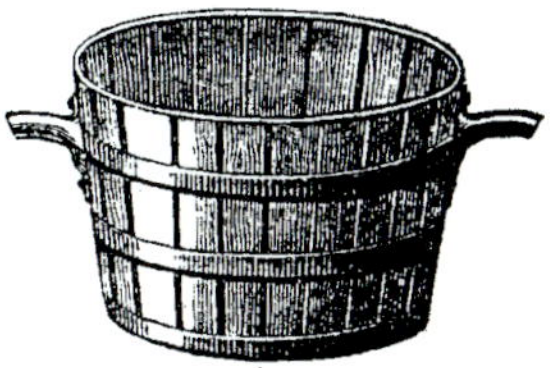

10 - *Surtout si on ajoute à la sauce de la salade une cuillère de sauternes.*

11 - *C'est un château-suduiraut 1967 qui a été choisi pour accompagner la salade de gésier aux copeau de foie gras et pétale de truffes servie à l'Élysée lors de la visite en France de la Reine Élizabeth II d'Angleterre, le 11 novembre 1998. 1967 est un grand millésime de Sauternes, un des plus grands du vingtième siècle avec 1921, 1929, 1937, 1945, 1947, 1949, 1959 et les «Trois Glorieuses» : 1988, 1989 et 1990.*

Vin rouge de grande classe, corsé et épanoui, le saint-émilion - surtout quand il a quelques années de bouteille - s'accorde bien avec tous les plats aux saveurs puissantes préparés avec des truffes : agneau (*le gigot d'agneau grand seize, purée truffée, servi à La Tour d'Argent*), gibier, salmis ou ragoûts, mais aussi un filet de bœuf, un *tournedos Rossini* ou *un lièvre à la royale*. Il convient également avec les plats délicats, comme le *ris de veau aux truffes* ou *la poularde demi-deuil*[12] car il est généralement moins tannique que les vins du Médoc. Les saint-émilion sont tous des grands vins truffiers, mais l'accord est particulièrement grandiose avec un cheval-blanc...

Cheval Blanc

Cheval Blanc présente la rare caractéristique de bien se goûter dès sa mise en bouteille et d'être cependant doté d'un remarquable potentiel de garde. Comme le dit Pierre Lurton qui dirige la propriété : «Puissant sans agressivité, sphérique, soyeux, toujours élégant et racé dans sa gangue de cabernet franc qui entoure le merlot, le vin de Cheval blanc se rapproche un peu d'un pomerol sans ressembler tout à fait à un saint-émilion. Avec sa fraîcheur et des tannins de cachemire, il vieillit merveilleusement en exprimant cet effet de terroir qui le rend de plus en plus complexe et subtil». Un vieux cheval-blanc accompagnera merveilleusement le *pigeon farci*

12 - *La poularde farcie au coulis de truffes servie à Rambouillet en mai 84 lors d'un déjeuner réunissant François Mitterrand et Helmut Kohl était accompagnée d'un angélus 1970.*

rôti en cocotte, purée truffée de La Tour d'Argent.

Château Figeac est, avec Cheval Blanc, l'un des deux premiers grands crus classés situés sur les graves de Saint-Émilion. L'encépagement compte une forte proportion de cabernet qui donnent un vin opulent et racé, avec des arômes de cèdre et de cassis, un très grand vin de haute gastronomie truffière, à sélectionner pour déguster une *truffe noire du Périgord en Pithiviers.*

Château Figeac

Château Angélus

Autre premier grand cru classé, le **Château Angélus** est situé sur un terroir exceptionnel : 26 hectares de vignes en amphithéâtre, exposées plein sud sur le fameux «pied de côte» et très bien drainées, à un kilomètre à vol d'oiseau du clocher de l'église de Saint-Émilion. Un excellent partenaire pour un *suprême de pintade au jus de truffes et foie gras chaud.*

Château Canon La Gaffelière

Le **Château Canon La Gaffelière** a toujours joui d'une bonne réputation, mais c'est depuis 1985, date de l'arrivée de Stephan von Neipperg à sa tête, que ce grand cru classé est devenu un des ténors de Saint-Émilion. Le vignoble s'étend sur environ 20 hectares. Un excellent ensoleillement, des sols variés, permettent de produire chaque année un vin à la robe profonde, au nez épicé, avec beaucoup de gras, de fruit

Château Laroze

et de rondeur soutenus par une très belle structure. A essayer avec un plat simple qui appelle naturellement un très grand vin, comme la *truffe entière cuite dans son petit pain*. Bien exécutée, cette recette met remarquablement en valeur les arômes que peut dégager la truffe. La simple préparation de pâte à pain qui l'entoure permet de la rôtir sans l'assécher. Quelle merveille quand on ouvre ces petits pains ! L'odorat est assailli par la lourde odeur terrienne de la truffe qui s'impose, presque avec violence. A ce niveau de puissance et de délicatesse, il faut vraiment avoir recours aux plus grands vins truffiers.

Si vous recherchez un accord avec la sublime recette de Faugeron, les œufs à la coque à la purée de truffes, pensez à un bon grand cru classé de Saint-Émilion, comme le **Château Laroze**. Tout dans cette délicieuse recette semble plaider en faveur d'un vin blanc : l'œuf, la béchamel, le beurre, la crème fraîche, et pourtant... Est-ce à cause du madère, des lichettes de pain grillé, de la purée de truffes, généreusement servie par Henri Faugeron ? Expérimentalement, ce plat va fort bien avec un vin rouge de qualité, subtil et épicé, comme le château-laroze. La purée de truffes domine en fait le goût de l'œuf, qui lui sert de soutien, de vecteur aromatique ; c'est donc avec le goût puissant de la truffe noire que doit se faire l'accord.

Château Laroze

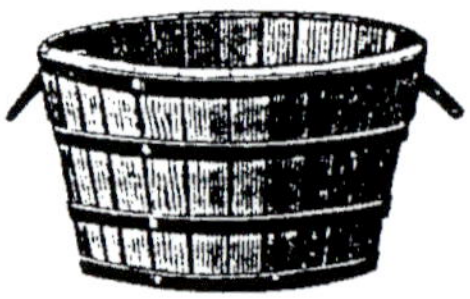

La séduction exercée par les vins de Pomerol tient à leur caractère aimable, sensuel souple et fruité, largement dû au cépage qui représente au moins 75% de leur production, le merlot. Il donne des vins charmeurs, onctueux, au bouquet intense de fruits rouges, de truffe et de moka ; des vins qui sont agréables jeunes mais se bonifient en vieillissant. **Puissant et bouqueté, le pomerol est plus qu'un grand vin truffier : c'est l'archétype des grands vins truffiers.** On peut affirmer que toutes les préparations à base de truffes sont d'excellents partenaires du pomerol dès que qulques années de vieillissement lui permettent d'exhaler ce subtil et inimitable bouquet de violette, de cuir et de truffes qui fait son charme. Les seules restrictions éventuelles pourraient concerner les recettes à base de coquillages crus et de truffes, qu'il vaut mieux accompagner d'un vin blanc ou d'un champagne. Le pomerol accompagne merveilleusement bien des plats de viande assez riches à base de foie gras et de truffes comme le tournedos Rossini ou le lièvre à la royale, voire même des plats un peu extravagants comme le *contre-filet Prince Albert* que nous décrit le Larousse gastronomique : «Prince Albert : nom d'un apprêt dédié à l'époux de la reine Victoria. La pièce de viande est fourrée de foie gras aux truffes, braisée avec une fondue de légumes, puis mouillée au vin de porto ; la garniture se compose de truffes entières». Ce n'est pas très mode, mais ce doit être rudement bon avec une bouteille d'un bon pomerol, comme château Gazin...

Gazin

Le vignoble de **Gazin** se trouve au nord-est de l'appellation Pomerol. Il jouxte Pétrus, l'Evangile et Lafleur, trois prestigieux voisinages. Cinq hectares de Gazin ont été vendus à Pétrus en 1969. Depuis plus de vingt-cinq ans ces cinq hectares font un très bon pétrus, ce qui en dit long sur la qualité du terroir... On remarque souvent dans cet excellent pomerol des arômes puissants de chêne, de violette et de boîte à cigares. En bouche, il est onctueux, très sensuel. Grâce à la finesse de ses tannins et à sa faible acidité, le pomerol permet aussi des mariages difficiles pour d'autres vins de Bordeaux, avec la cuisine provençale, par exemple, ou avec certaines cuisines exotiques, comme le démontre le restaurant vietnamien Tanh Dinh à Paris, qui possède une des plus belles cartes de pomerols de la capitale.

La région de Bordeaux regorge de grands vins produits à petits prix dans des appellations qui font des vins excellents mais beaucoup moins cher que les grands crus classés et les appellations prestigieuses.

Fronsac

Château de La Rivière

C'est notamment le cas de l'appellation **Fronsac** où le très remarquable **Château de La Rivière** rivalise avec bien des saint-émilion. On trouve également de fort bonnes choses en **Canon-Fronsac**, en particulier le Château **Cassagne Haut-Canon «La Truffière»**, aux délicieux arômes truffés (le domaine possède une truffière, chose rare dans cette région).

Canon-Fronsac

Cassagne Haut-Canon «La Truffière»

Lalande de Pomerol

A **Lalande de Pomerol**, on produit des vins chaleureux mais souples, qui évoluent assez vite vers des notes d'humus et de sous-bois, tout en conservant une belle structure fruitée. Ils accompagnent fort bien les plats de champignons (cèpes, morilles...), les gibiers, les volailles truffées (notamment les dindes et les chapons des fêtes de fin d'année) mais aussi les viandes rouges grillées ou en sauce et nombre de fromages.

Les «vins des Côtes» : Premières Côtes de Blaye, Côtes de Bourg, Côtes de Castillon et Premières Côtes de Bordeaux méritent également qu'on s'y attarde.

Côtes de Castillon

Les vignes des **Côtes de Castillon** étendent sur les coteaux qui prolongent ceux de Saint-Emilion, avec les mêmes sols propices à la production de grands vins rouges de caractère.

Côtes de Bourg

Premières Côtes de Blay

Les Jonqueyres - Bertinerie

Premières Côtes de Bordeaux

Château de Caillavet

Les **Côtes de Bourg** sont une appellation qui bénéficie d'un climat très propice à la viticulture. Quatre coopératives assurent la moitié de la production. Les **Premières Côtes de Blaye** produisent des vins rouges et des vins blancs, mais les rouges représentent les trois-quarts de la production. Les deux meilleurs sont les châteaux **Les Jonqueyres** et **Bertinerie** (dont la cuvée haut de gamme porte le nom de Château Haut-Bertinerie). Les **Premières Côtes de Bordeaux** suivent la Garonne jusqu'à soixante kilomètres au sud de Bordeaux. Là encore le cépage merlot est dominant, les vins sont souples et aromatiques. Celui produit par le **Château de Caillavet**, qui abrita les amours d'Anatole France et de Léontine de Caillavet est très réussi.

Côtes-de-Francs

Avec une superficie d'environ 500 hectares de vignes situées à une cinquantaine de kilomètres au nord-est de Bordeaux, les **Côtes-de-Francs** sont la plus petite appellation du Bordelais. Ce sont des vins souples et élégants dotés d'une bonne aptitude au vieillissement. Ils développent alors des flaveurs de prune mûre et de truffe très plaisantes.

Par ailleurs de bons vins blancs secs sont produits en Entre-Deux-Mers. Située entre la Dordogne et la Garonne, cette région doit son nom à la proximité de l'Atlantique dont les marées remontent le long de ces deux fleuves jusqu'à 150 km à l'intérieur des terres. C'est la plus importante appellation

Brande Bergère

productrice de vins blancs secs de la Gironde. Le cépage dominant est le sauvignon, qui donne une bonne vivacité à ces vins qu'il faut apprécier dans leur jeunesse, sur des coquillages ou des poissons, comme un saumon vapeur à l'émincé de truffe noire.

N'oublions pas enfin les bordeaux et bordeaux supérieurs qui, bien choisis, peuvent apporter à l'amateur beaucoup de satisfaction, comme les Châteaux Recoules, Gayon, de Parenchère, Timberlay ou l'excellent **Brande Bergère** et sa cuvée O'Byrne parfaitement en situation sur un *carpaccio de canard à la truffe fraîche* ou *sur une entrecôte grillée sur des sarments de vigne*, accompagnée de vraies pommes sarladaises (des pommes de terre sautées à la poêle dans de la graisse d'oie avec des truffes émincées).

Ces vins sont faits à partir des mêmes cépages que les crus classés (cabernet-sauvignon, cabernet-franc, merlot).

Comme eux, ils profitent du climat océanique et des terroirs uniques qui font la qualité des vins de Bordeaux.

La seule évocation de la Bourgogne fait penser à la sensualité et à l'abondance : voici une province à laquelle rien ne manque pour célébrer les plaisirs de la table. La Bourgogne ressemble à ce pays de cocagne que nous décrit Marcel Rouff dans son livre, «La vie et la passion de Dodin-Bouffant, gourmet» :

«Les perdrix agitaient les champs de blé dans leur course folle (...), et Dodin, montrant un lièvre qui filait entre les pattes d'une vache, devant les petites pierres grises et branlantes d'un petit mur de vignoble :

- Quel admirable pays !...Regardez cette puissante synthèse : l'animal, la crème, le vin...Un civet complet !» ;

mais ce sont les vins de Bourgogne qui ont rendu cette province célèbre dans le monde entier, jusqu'au Japon et en Australie.

Les Vins de Bourgogne & les truffes

LA BOURGOGNE : des terroirs par milliers

La Bourgogne viticole ne recouvre pas la Bourgogne administrative, elle s'étend sur quatre départements (du nord au sud) : l'Yonne, la Côte-d'Or, la Saône-et-Loire et le Rhône (l'arrondissement de Villefranche sur Saône), pays du beaujolais. Bien que certains vins de Beaujolais puissent avoir droit à l'appellation Bourgogne sous certaines conditions, tous les beaujolais sont issus du gamay noir à jus blanc, alors que tous les bourgognes rouges (à l'exception du passetoutgrain) proviennent du pinot noir. Dans un souci de simplification, nous respecterons donc cette unité ampélographique en entendant par bourgogne un vin produit à partir de pinot noir (pour les rouges) et de chardonnay (pour les blancs) dans les départements de l'Yonne, de la Côte-d'Or et de la Saône-et-Loire[13]. Ceci ne signifie nullement que des vins de Beaujolais ne puissent accompagner une cuisine à base de truffes. Ils peuvent au contraire faire merveille sur certains plats comme des saucissons truffés ou une salade aux truffes, nous y reviendrons...

13 - *Nous ne ferons qu'une seule exception pour le Bouzeron produit par Aubert de Villaine à partir du cépage aligoté*

Ce qui caractérise d'abord la Bourgogne viticole, c'est un terroir, ou plutôt plusieurs terroirs, car il existe au moins cinq régions ou groupes de terroirs distincts qui se succèdent, du nord au sud : le Chablisien, la Côte-de-Nuits, la Côte-de-Beaune, la Côte Chalonnaise et le Mâconnais. Chacune de ces régions comprend plusieurs appellations subdivisées en une myriade de petits terroirs correspondant souvent à des affleurements géologiques variés, des lieux-dits appelés *climats*, aux noms pittoresques (Montrecul, La Renarde, Les Pucelles...) ou prestigieux (La Romanée, Les Saint-Georges...), tous très différents les uns des autres. Une vigne séparée d'une autre par un petit chemin de terre peut donner un vin exquis alors que l'autre ne donnera qu'un vin ordinaire. Ce fait, qui surprend toujours le néophyte, est très fréquent en Bourgogne. L'exposition est un facteur essentiel pour expliquer cette hétérogénéité des *climats* bourguignons, mais ce n'est pas le seul ; il y a aussi le sol, le sous-sol, la sensibilité au gel... Sur tous ces climats (ou presque) sont plantés les deux grands cépages de la Bourgogne : le pinot noir et le chardonnay.

Cépage, c'est le nom qu'on donne à des variétés de vignes produisant certains types de raisins destinés à faire du vin. Il y a plusieurs sortes de vignes, comme il y a plusieurs sortes de pommes, de poires ou de pêches, portant des noms différents. Une pomme golden n'a pas la même couleur, la même forme et le même goût qu'une reinette ; de la même façon, le raisin du pinot noir n'a pas le même aspect ni le même goût que celui du cabernet-sauvignon. Tous les grands bourgognes rouges sont faits avec du pinot noir, le plus fin de tous les cépages à vin rouge. C'est un cépage assez fragile (sa peau est très fine), merveilleux quand le millésime s'annonce bien, plus délicat à gérer quand le temps se gâte…

Le chardonnay, le cépage des blancs de Bourgogne, est un cépage vigoureux, qui s'acclimate facilement un peu partout. Ses raisins donnent un jus très sucré, qui explique le caractère à la fois ferme et onctueux des grands bourgognes blancs. Il s'adapte merveilleusement à toutes les nuances du terroir bourguignon, de Chablis, où il exprime une grande pureté minérale, jusqu'à Pouilly-Fuissé, où il s'épanouit voluptueusement au soleil du sud de la Bourgogne…

Des vins blancs avec les truffes ? Bien sûr ! Comme nous l'avons déjà dit, le choix du vin dépend largement de la préparation qui accompagne la truffe : avec des œufs brouillés ou un poisson, un meursault ira sans doute mieux qu'un chambertin ; avec un filet de bœuf truffé, on préférera un nuits-saint-georges à un chablis… Un grand vin blanc, concentré et séveux, comme un bâtard-montrachet accompagnera aussi très bien des truffes sous la cendre, surtout les truffes de Bourgogne, au parfum subtil et délicat. Le grand atout de la Bourgogne, c'est de faire des vins rouges et des vins blancs secs qui comptent parmi les meilleurs du monde.

Les bourgognes accompagnent heureusement toutes les truffes noires. Ils soulignent la délicatesse des truffes de bourgogne, mais ne sont pas écrasés par la puissance aromatique de la truffe du Périgord. Il faut veiller à ne pas servir un vin trop jeune, dont les tannins, très présents, ne conviendraient pas à la fine saveur de la truffe. Les grands bourgognes rouges sont souvent élevés dans des fûts neufs : il leur en reste pendant quelques années des saveurs boisées qui ne s'accordent guère avec la truffe. Il faut donc choisir un bourgogne rouge arrivé à maturité, qui déploiera des senteurs de sous-bois et de champignons, voire des arômes de type animal.

Côte de Nuits

La **Côte de Nuits** s'étire du sud de Dijon au nord de Beaune. C'est là qu'on trouve les plus grands vins rouges de Bourgogne (à l'exception du corton), des vins charpentés, capiteux, souvent très fins.

Chambertin

Historiquement, le **Chambertin**, vin des princes et des rois a vécu un long compagnonnage avec la truffe. La cave de Louis XVI ou celle de la Princesse de Lamballe, confisquées lors de la Révolution, montrent la place éminente que les grands personnages de cette époque accordaient au chambertin, qui fut par ailleurs le vin préféré de Napoléon Ier. Las Cases écrit dans le Mémorial de Sainte Hélène : *«Durant quinze ans, il a bu un même vin de Chambertin, qu'il aimait et qu'on croyait lui être salutaire :*

ce vin se retrouvait pour lui dans toute l'Allemagne, au fond de l'Espagne, partout jusqu'à Moscou». On distingue aujourd'hui (ce n'était pas le cas autrefois, avant les appellations contrôlées) le chambertin et le chambertin-clos de bèze. Le premier a la réputation d'être plus concentré, le second d'être plus élégant et plus féminin. Tous deux sont de très grands vins truffiers. Les chambertin-clos-de-bèze, latricières-chambertin et mazis-chambertin de la Maison Faiveley sont de magnifiques grands crus, qui conservent longtemps l'étonnante fraîcheur et le fruité intense des pinots noirs de grande race. Il faut les essayer sur un *filet de bœuf en croûte truffé.*

Les **Chambolle-Musigny** ont la réputation d'être des vins de dentelle et de taffetas. L'élégance des chambolle-musigny n'est pas un mythe (ils accompagnent très bien une noix de veau truffée), mais les meilleurs producteurs, comme le Domaine Roumier ou Louis Jadot font des vins plutôt concentrés et qui ne manquent pas de structure. Ils vieillissent bien et montrent de l'énergie à revendre quand on les croit finis, surtout en compagnie de belles truffes de Bourgogne, qui vont leur extorquer des notes de jouvence. Le mélange des arômes est alors envoûtant, en particulier avec un musigny grand cru, à l'équilibre parfait et aux arômes de jardin

Chambolle-Musigny

mouillé. Il accompagnera le *poulet de Bresse aux pommes de terre et aux truffes fraîches*, cuit entier comme un Baeckoffe préparé par Antoine Westermann au Buerehiesel de Strasbourg.

Autre rencontre rare, moment de plénitude et de perfection : le musigny blanc du Comte de Vogüé, grand seigneur des chardonnay de la Côte de Nuits avec une salade de truffes et de homard.

Clos de Vougeot

Le **Clos de Vougeot** (on dit indifféremment Clos de Vougeot ou Clos Vougeot) est un des lieux mythiques de l'œnologie française. Défriché et cultivé dès le treizième siècle par les Cisterciens, il a donné à la France un de ses meilleurs vins rouges. Par sa superficie, le Clos de Vougeot est longtemps resté le seul équivalent bourguignon d'un grand domaine bordelais. Sa taille n'a pas peu contribué à la qualité et à l'homogénéité du vin produit, reconnu comme un des plus grands par tous les bons auteurs (et notamment en 1787 par Thomas Jefferson, futur président des États-Unis d'Amérique et oenophile distingué). Malheureusement, dès 1889 le domaine a commencé à être morcelé. Il y a maintenant près de 80 propriétaires, dont 5 possèdent des exploitations de moins de 20 ares... Et cependant, en dépit des aléas de l'histoire, il existe toujours de vrais grands clos-de-vougeot, profonds, amples, charnus, à la robe foncée, sentant la violette, la truffe et la menthe sauvage. Quand ils arrivent à maturité, ils font merveille avec bien des préparations truffées. Il y a dans les grands clos-vougeot, comme ceux de Faiveley et de Jadot, un mélange de force et de douceur qui convient particulièrement bien à la truffe…

On imagine des bouteilles qui viennent d'être remontées de la cave, fraîchement débouchées, encore revêtues de poussière, qui patientent sur une desserte cependant que :

«…La dinde ventrue et la poularde obèse
Qui rôtit lentement devant un feu de braise
Laissent voir par endroits, sur leur peau qui se fend
Les rondelles de truffe au parfum triomphant»

(Charles Monselet)

Vosne-Romanée

Le vignoble de **Vosne-Romanée** est au cœur de la côte de Nuits, C'est le village où l'on trouve le plus de grands crus, dont la fameuse Romanée-Conti. Vosne-Romanée produit plus de grands crus et de premiers crus que de vins avec la seule appellation village, c'est dire la qualité du vignoble… L'abbé Courtépée, qui a rédigé des milliers de pages sur la Bourgogne, écrivait déjà à la fin du XVIIIe siècle *«il n'y a point à Vosne de vin commun»*. Il faut naturellement laisser à ces grands vins le temps de s'épanouir, pour les apprécier dans leur plénitude. Les grands crus permettent des accords truffiers étonnants : Les **Échezeaux**, vin charnu et tendre avec un *pigeon aux truffes de Bourgogne* ; la Romanée-Saint-Vivant, pleine de

Échezeaux

Romanée-Conti

charme et de féminité, avec un *ris de veau truffé* ; la romanée, d'une finesse remarquable avec un *tournedos Rossini à la truffe de Bourgogne* ; la tâche, un vin d'une plénitude intense avec des *escalopes de foie gras de canard aux truffes* ; le Richebourg, le plus sensuel peut-être des grands crus de Bourgogne avec un *faisan Périgueux* et enfin la **Romanée-Conti**, le vin rouge le plus cher du monde, un mythe vivant, profond et mystérieux autant qu'un vin sublime. La romanée-conti est entrée dans l'histoire au XVIIIe siècle lors de son rachat par le Prince de Conti, un des plus grands seigneurs du royaume de France et un fin gastronome qui prisait fort les truffes que l'on récoltait sur les immenses propriétés qu'il possédait en Bourgogne. De fait, la romanée-conti fait merveille sur tous les plats à base de truffes[14] qui appellent un grand vin rouge, mais sa délicatesse, sa finesse et sa race sont telles qu'il ne faut pas hésiter à lui donner comme compagne une très belle truffe juste cuite sous la cendre… un mariage au paradis.

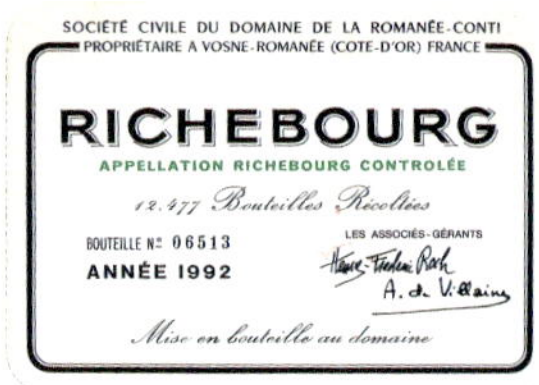

14 - *Elle fut notamment à l'honneur (magnum de Romanée -Conti 1870) lors du fameux repas organisé à la Tour d'Argent par le club des Cent en novembre 1928.*

Les **Nuits-Saint-Georges** s'accordent aussi fort bien avec les truffes, surtout les premiers crus. C'est un vin pour dîner plutôt que pour déjeuner, «un verre de nuits prépare la vôtre» aiment à dire les vignerons de l'appellation. Il y a plusieurs types de nuits-saint-georges ; ceux de la partie sud de l'appellation sont plus puissants et font merveille avec la truffe du Périgord, ceux venant de vignes situées au nord, plus proches de Vosne-Romanée, sont très fins et conviennent fort bien à la truffe de Bourgogne.

Il y a aussi de grands rouges en **Côte de Beaune**, pensons aux vins de Corton, Pommard et **Volnay**... La noblesse des volnays, leur texture soyeuse les désignent pour des accords en finesse comme le *carré d'agneau à la pomme de terre truffée* de Jean-Luc Barnabet à Auxerre.

Côte de Beaune

Volnay

Il faut prendre garde à ne pas choisir un volnay trop jeune : son exubérance aromatique rendra l'accord avec la truffe difficile.

Pommard

Le **Pommard** est un vin puissant, tannique. Là encore, pour ne pas écraser la truffe, il conviendra de choisir avec soin un vieux millésime, que l'âge aura adouci. Le **Corton** est un plus grands vins truffiers de Bourgogne, c'est d'ailleurs le seul vin rouge de la Côte de Beaune classé Grand Cru. Essayez donc un bon corton, comme celui du Comte Senard sur un *râble de lièvre truffé*... La colline de Corton, qui se trouve au Nord de Beaune, à proximité immédiate de la Côte de Nuits, possède l'intéressante caractéristique de produire à la fois de très grands vins rouges et un très grand vin blanc (le corton-charlemagne) qui s'avère être un fidèle compagnon de bien des préparations à base de truffes. C'est un vin solide et puissant, qui demande du temps pour s'épanouir et ne craint pas des mets goûteux et à la texture ferme, comme un *homard aux truffes*. En vieillissant, il évolue vers un bouquet d'amandes, de tonalités grillées, beurrées et des arômes de truffes qui rendent possibles beaucoup d'accords : crustacés, volailles à la crème (comme le *blanc de volaille de Bresse au beurre de truffe* servi chez Lameloise), ris de veau accompagnés de truffes seront d'excellents partenaires pour

Corton

ce grand bourgogne blanc, voire même des plats aux saveurs à la fois fortes et subtiles comme la *côte de veau de lait, crème de petits pois au lard et topinambours truffés, jus de veau à l'arabica,* que prépare Michel Lorain à la Côte Saint-Jacques.

BOUCHARD PÈRE & FILS
LE MONTRACHET

Les vins blancs accompagnent fort bien les truffes, ainsi que nous l'avons déjà observé, notamment (mais pas seulement) les préparations à base d'œufs, comme les omelettes aux truffes ou les brouillades[15]. Les arômes d'amande, de noisette, de pain frais apportés par le cépage chardonnay facilitent le mariage des vins blancs de Bourgogne avec beaucoup de plats. Il faut cependant sur la truffe des vins gras et élégants, pas trop marqués par l'acidité. Comme pour les rouges, il convient donc de choisir des vins arrivés à maturité (les bourgognes blancs ont une excellente capacité de garde) pour éviter les notes boisées, l'acidité de la jeunesse et profiter d'un bouquet particulièrement fin et complexe. A ne pas oublier : les vins issus du cépage chardonnay font merveille sur la cuisine au beurre et à la crème, mais ils ne s'entendent guère avec l'huile d'olive. Dans le cas de préparation de truffes où de l'huile d'olive est utilisée, il vaut mieux prévoir un accord avec un vin blanc de Bandol ou de Châteauneuf-du-Pape. Avec des préparations de coquillages ou de salades aux truffes, vous pouvez aussi tenter le «joker» du cépage aligoté en débouchant une bouteille de l'excellent bouzeron que produit Aubert de Villaine (co-gérant du Domaine de la Romanée-Conti) dans sa propriété de la Côte Chalonnaise.

15 - *C'est un meursault-charmes 1988 (J. Drouhin) qui a servi à l'Élysée le 13 mars 1995 pour accompagner le feuilleté d'œuf poché au petit ragoût de truffes lors de la visite officielle de Fidel Castro en France...*
et un chassagne-montrachet premier cru Morgeot en 1997 comme partenaire des queues d'écrivisses aux truffes, quand Jacques Chirac a reçu le roi d'Espagne, Juan Carlos.

Chablis

Meursault

La délicatesse de texture des **Chablis**, leur fruité vif marqué d'une touche de minéralité feront merveille avec des préparations truffées à base de poisson, de crustacés ou de fruits de mer comme le *saumon mariné aux truffes fraîches* de Barnabet ou *les huîtres de Marennes au beurre de truffe*. Sur des poissons ou des coquillages crus ou marinés servis avec truffes de Bourgogne, un chablis jeune s'impose. Pour les préparations plus élaborées avec sauce crémée, fumet de poisson et autres raffinements gastronomiques, comme des *Saint-Jacques à la crème de poireaux et à la truffe*, ou le *léger bouillon d'asperges et truffe de coquille Saint-Jacques en surprise* de Jacques Thorel, à l'Auberge Bretonne, on préférera un vin mûr, dans une belle année, un premier cru ou un grand cru.

En Côte de Beaune (appelée Côte des Blancs, par ce qu'elle produit les plus grands vins blancs de Bourgogne), il faut d'abord s'arrêter à **Meursault**, dont le terroir calcaire favorise l'expression du chardonnay. Les meursaults, et surtout les premiers crus *Genevrières et Perrières* sont le symbole même des grands vins blancs de Bourgogne. On leur trouve souvent des arômes de noisette qui s'accordent fort bien avec, par exemple, des noix de St-Jacques ou des langoustines accompagnées de truffes. Quand ils sont jeunes, ils s'entendent bien avec une *salade de truffes de Bourgogne*, légèrement assaisonnée avec du vinaigre de Jerez et une pointe de vinaigre balsamique (sans huile d'olive ! Dans les salades aux truffes de Bourgogne, l'huile de noisette fait merveille) ou un *buisson de haricots verts aux truffes*, avec quelques cerneaux de noix. Plus vieux, ils accompagnent toutes sortes de préparations de poissons et crustacés truffés, comme le *filet de bar noir et blanc* de Barnabet, ou les *filets de turbot en écailles de truffe*, mais aussi les viandes blanches, voire même un foie gras truffé[16] ou les *pâtes mi-séchées, crémées et truffées au ris de veau, crêtes et rognons de coq* d'Alain Ducasse.

A côté de Meursault se trouve la commune de **Puligny-Montrachet**, située à une dizaine de kilomètres au sud de Beaune. Comme sa voisine du sud (Chassagne-Montrachet), cette commune doit sa réputation au célèbre montrachet, le plus grand vin blanc sec du monde.

Juste à côté du Montrachet, se trouvent les vignes de deux autres grands crus : le Batârd-Montrachet et le Chevalier-Montrachet ainsi que celles du Puligny-Montrachet Premier Cru Les Pucelles. Ces noms viendraient, selon la tradition, de

Puligny-Montrachet

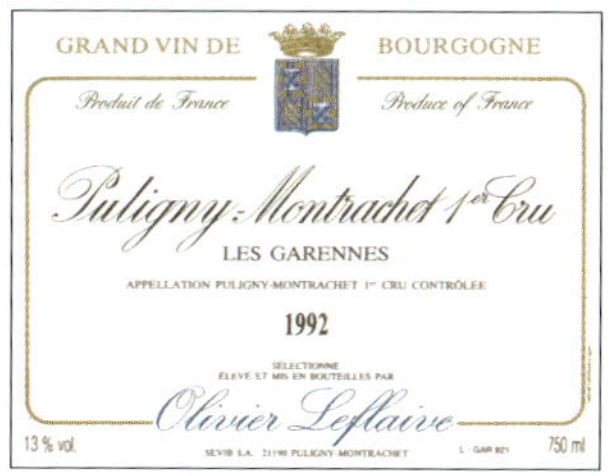

16 - *Avec prudence, car le chardonnay ne s'entend pas toujours très bien avec le foie gras.*

l'esprit d'équité d'un ancien seigneur de Puligny qui aurait divisé ses vignes en parts égales entre son fils (Chevalier), ses filles (Les Pucelles) et son bâtard. Aux trois grands crus déjà cités, il faut ajouter le bienvenues-bâtard-montrachet, ainsi appelé parce que les vignes de ce cru étaient travaillées au XIXème siècle par des vignerons nommés les Bienvenues.

Le montrachet est un vin riche, élégant, volumineux sans être lourd, qui développe souvent des notes de miel d'acacia. Les bienvenues-batârd-montrachet ont beaucoup de distinction. Les bâtard-montrachet (celui d'Olivier Leflaive est excellent) ont de la richesse et de l'ampleur. Les chevalier-montrachet (notamment ceux de Jadot) se caractérisent par leur finesse et leur élégance, alors que le montrachet fait un peu la synthèse : opulence, race, distinction, complexité... En évoluant, ces vins développent des notes de champignon et de truffes qui en font les compagnons parfaits d'une *poularde demi-deuil* et de toutes les grandes préparations de crustacés, de poissons nobles et de viandes

17 - *Il s'agit d'un velouté de volaille aromatisé au jus de truffe, lié au jaune d'œuf et à la crème et garni d'une fine julienne de truffe. Il est servi avec de minuscules profiteroles fourrées à la mousse de foie gras.*

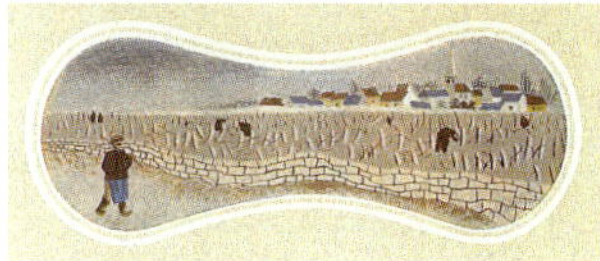

blanches avec des truffes ou même un *velouté de volaille à la julienne de truffes*[17] voire une *truffe au chou «Michel Lorain»* ou la *marjolaine de foie gras, céleri et truffe fraîche* que sert Bernard Pacaud à l'Ambroisie. En reposant votre verre de montrachet après avoir fini votre salade de homard aux truffes, il vous arrivera peut-être un jour ce qui est arrivé à Henri Gault[18] chez Alain Chapel à Mionnay :

«Je venais de finir la salade de homard aux truffes et je ne pensais qu'il fut alors possible de manger quelque chose de meilleur quand on me servit le fameux gâteau de foies blonds. A la première bouchée de cette mousse légère, je fus envahi par cette émotion qui bouleverse parfois les natures très sensibles aux accents d'un violoncelle : un frisson dans le dos et une bouffée de larmes dans les yeux. Réaction romantique, mais peu fréquente à table, on en conviendra, et qui illustre sans conteste le génie d'un chef.»

Les premiers crus de Puligny-Montrachet (dont un «La Truffière») partagent les mêmes caractéristiques que les grands crus, avec un peu moins d'intensité, mais ceux qui sont bien faits (Leflaive, Sauzet...) sont fins et se signalent par des notes minérales très racées. Les vins de la commune voisine de **Chassagne-Montrachet** appartiennent à la même famille. Ils ont peut-être plus de gras et d'opulence et sont plus faciles à aborder dans leur jeunesse.

Chassagne-Montrachet

Ces grands vins blancs se distinguent également sur un

18 - *Celui de Gault & Millau*

fromage de *citeaux truffé* ou un *Saint-Nectaire truffé*. Un cran en-dessous, un auxey-duresses ou un saint-aubin, nettement moins coûteux ira bien avec un blanc de volaille ou une truite truffée, voire même avec la *blanquette de grenouilles aux truffes* que prépare Georges Blanc à Vonnas…

Beaujolais Nouveau

Un des grands atouts du beaujolais, c'est que c'est un vin agréable et fruité, le vin des copains, des petits repas sympas, un vin à boire sans façons en sachant, comme le disait Antoine Blondin que «tout le reste est litres et ratures». Son fruité et sa rondeur, son faible niveau en tannins en fait un vin assez souple, qui s'accorde avec beaucoup de plats sans jamais chercher à s'imposer.

Chacun connaît le **Beaujolais Nouveau**, qui arrive dans les boutiques et sur les tables des restaurants dès le troisième jeudi de novembre. L'agrément de ces vins vient de ce qu'ils sortent juste de la cuve, et sont donc encore très près de la grappe, du soleil et du terroir. Ce sont des vins de tous les jours, faits pour accompagner une cuisine simple et savoureuse. Ils ne sont guère faits pour mettre en valeur des préparations à base de truffes, non plus d'ailleurs que les simples beaujolais ou beaujolais-village, pour cela, il faut monter en gamme et aller vers les crus du Beaujolais. Dans le monde du beaujolais, le critère de sélection est le granit. La frontière passe au niveau de Villefranche-sur-Saône : c'est au nord de la départementale 504 qu'on trouve les trente neuf villages méritant l'appellation Beaujolais-Village, et parmi eux les dix crus qui forment l'aristocratie du beaujolais.

Le **Brouilly** est un vin tendre et fruité, avec une bonne vivacité. Avec douze cents hectares, c'est le plus étendu des crus du beaujolais. Idéal avec des *champignons farcis aux truffes d'été*, voire le *canard nantais au vin de Brouilly et truffes* que prépare remarquablement, près de Lausanne Philippe Rochat, le successeur du grand Girardet. Le **Chénas** est un des plus petits crus (en superficie, avec deux cent soixante hectares). La vigne aurait remplacé une forêt de chênes, d'où le nom. C'est un vin fruité et corsé, avec une bonne saveur épicée de pivoine qui accompagnera bien une *tête de veau aux poireaux à la crème de truffe*. Le **Chiroubles** est - à juste titre - une des appellations les plus fameuses du Beaujolais. Ce vin sensuel, tendre et charmant, a un parfum de violette très agréable. On dit du Chiroubles qu'il a «la grâce du fleurie et la solidité du morgon». Essayez-le avec des *croûtons d'œufs brouillés aux pelures de truffes*. Le **Côtes de Brouilly** est un beaujolais plutôt corsé, à déguster avec des plats forts en goût, comme des joues de cochon mitonnées à l'ancienne, avec des truffes noires. **Fleurie** fait d'excellents beaujolais, très fruités, avec un goût caractéristique de framboise et de cerise, et parfois des nuances de rose fanée. **Juliénas** (prononcer Juliéna) tiendrait son nom de Jules César. **Morgon** est le deuxième cru par la superficie, après Brouilly. C'est un vin robuste et fruité, aux arômes de kirsch très caractéristiques car légèrement terreux,

Brouilly

Chénas

Chiroubles

Côtes de Brouilly

Fleurie

Juliénas

Morgon

Moulin à Vent

Château des Jacques

Saint-Amour

ce qui fait dire que le Morgon «morgonne». Cette particularité est due à un terroir unique, composé de sols issus de schistes désagrégés que les vignerons locaux appellent des «terres pourries».

Un morgon accompagnera à merveille les *œufs poêlés à la mie de pain accompagnés de mouillettes recouvertes de beurre salé et de truffe hachée* que prépare Christian Constant... Le **Moulin à Vent** est considéré comme le seigneur des crus du Beaujolais, probablement parce que c'est celui qui a les meilleures capacités de vieillissement. Assez floral et fruité quand il est jeune (il se caractérise par des arômes de truffe et d'iris), il se ferme assez vite pour se rouvrir au bout de quelques années; son nez peut alors évoquer certains vins de la Côte de Nuits et il s'accomodera fort bien de *raviolis de perdreau et truffes noires.* L'archétype des moulins-à-vent est le fameux **Château des Jacques** de la maison Louis Jadot. Le régnié est le petit dernier des crus du beaujolais, l'appellation n'ayant été créée qu'en 1988. C'est un vin qui se reconnaît à ses arômes flatteurs de groseille et de framboise. Le **Saint-Amour** enfin, est un vin fruité et délicat, un très bon compagnon pour un *cervelas truffé en brioche.*

Ces crus du Beaujolais accompagnent en effet volontiers des «plats canailles» accomodés avec des truffes, comme des *cervelas, des boudins truffés, des crépinettes de pied de porc aux truffes*, mais aussi des *salades de truffes légèrement assaisonnées* (sans cerfeuil, le cerfeuil et le beaujolais sont incompatibles) ou une *pintade fermière farcie et truffée.* Ceux qui ne boivent pas de vin blanc, pourront accompagner d'un cru du Beaujolais servi un peu frais une *salade de homards et de truffes* comme la plupart des plats de poisson cuit accompagné de truffes. Si vous avez la chance d'avoir une bonne cave, laissez vieillir quelques années un excellent cru du Beaujolais d'un bon millésime. Au bout de sept ou huit ans, vous aurez un vin de Bourgogne étonnant, très épanoui et qui fera merveille sur un parmentier aux truffes ou même sur une *truffe à la croque au sel*, voire sur un *œuf à la coque à la purée de truffes*... Vous obtiendrez aussi des résultats surprenants en laissant vieillir des vins de la Côte Chalonnaise, comme le **Mercurey** rouge ou du Mâconnais, comme le **Pouilly-Fuissé**[19], un vin blanc du sud de la Bourgogne dont le potentiel de vieillissement est étonnant. Essayez-les sur l'*andouillette de pied de porc aux truffes* de Taillevent...

Mercurey
Pouilly-Fuissé

19 - *Ne pas confondre le Pouilly-Fuissé, un vin de Bourgogne issu du cépage chardonnay et le Pouilly-Fumé, un vin de Loire issu du cépage sauvignon.*

Il a fallu attendre la fin du XVIIème siècle pour que le champagne devienne autre chose qu'un vin tranquille parmi d'autres, qu'il prenne cette forme effervescente que nous lui connaissons aujourd'hui, qui en fait un symbole de fête et de célébration. Un certain Dom Perignon joua un rôle instrumental dans cette transformation, ou du moins paracheva un processus d'évolution rendu possible par l'apparition, au milieu du XVIIème siècle de la bouteille en verre épais. Les bouteilles que l'on fabriquait antérieurement avaient en effet la fâcheuse habitude d'exploser sous la pression des bulles. Au XVIIIème, on produisait encore en Champagne plus de vin tranquille que de vin effervescent. Le champagne effervescent était alors un produit de très grand luxe réservé aux rois et à leurs cours, aux Financiers et aux Fermiers Généraux ainsi qu'aux riches marchands anglais. C'est au cours de ce siècle que furent créées les premières grandes firmes de champagne : Ruinart en 1729, Moët en 1743.

A noter : on récolte parfois des truffes en Champagne, il s'agit de la tuber uncinatum ou truffe de Bourgogne. Dès l'origine, le vin de Champagne d'ailleurs a été un fidèle compagnon des truffes, comme en atteste cet extrait de l'histoire du Dîner des truffes à la provençale, rédigé à la fin du XIXème : «Le 17 janvier 1829, douze amis, nés dans le même département, soupaient chez un des plus célèbres restaurateurs du Palais-Royal. Le menu se composait exclusivement de truffes à la provençale et de vin de Champagne frappé...»

Les Vins de Champagne & les Truffes

DOM PERIGNON, un mythe fondateur

En 1639, année de naissance de Dom Perignon, la Champagne était plus réputée pour ses moutons que pour ses vins, à l'exception du vin rouge d'Aÿ, qui était bu à la Cour des rois de France. Au moment de la mort de Dom Perignon, en 1715, le champagne, vin blanc effervescent, était devenu une boisson recherchée et coûteuse présente sur toutes les grandes tables d'Europe, un symbole de luxe et de fête. Dans cette fabuleuse aventure du Champagne, Cendrillon devenue princesse, Dom Perignon a joué un rôle crucial.

Est-ce à dire que Dom Perignon a créé le vin de Champagne que nous connaissons aujourd'hui ? Depuis longtemps, dans le climat septentrional de la Champagne on avait observé que les vins devenaient parfois effervescents car tout le sucre n'était pas transformé en alcool avant la saison froide qui mettait fin à la fermentation. Le processus reprenait donc au printemps, avec les beaux jours; le vin étant «piégé» dans un récipient étanche ne pouvait laisser échapper le gaz carbonique dégagé par cette seconde fermentation, ce qui le rendait effervescent. Cette seconde fermentation était redoutée, car elle pouvait conduire à l'éclatement du tonneau sous la pression des gaz, et donc à une perte financière considérable pour le producteur. Les verres français produits au XVIIème

étaient trop fragiles pour envisager une reprise de fermentation en bouteille. Il a fallu attendre l'invention - anglaise - des bouteilles à verre épais fermées par des bouchons de liège ligaturés, vers 1650, pour qu'il soit possible de produire ce que nous appelons aujourd'hui du champagne. Si Dom Perignon n'a pas découvert comment on fait du vin effervescent et encore moins la bouteille en verre épais fermée par un bouchon de liège, il a en revanche porté à sa perfection l'art d'élaborer le champagne en jouant sur tous les facteurs de qualité : sélection impitoyable des raisins, impeccable propreté des installations, choix des cépages les plus fins, assemblage des produits de différentes parcelles aux qualités complémentaires, contrôle de la fermentation... La technique a un peu changé depuis trois siècles, mais les principes restent les mêmes. Ce qui a surtout évolué est la maîtrise du processus de fermentation : le champagne n'est plus le résultat d'un processus de fermentation interrompu, puis repris, mais de deux fermentations, c'est ce qu'on appelle la **«méthode champenoise»**. Rappelons que le champagne est fait à partir de vins tranquilles, assemblés pour parvenir à un résultat conforme au style de chaque Maison ou de chaque cuvée. Le vin est ensuite mis en bouteille ; on lui ajoute alors la «liqueur de tirage» (mélange de sucre, de levures et de vin) qui permettra le départ de la seconde fermentation, aussi appelée «prise de mousse» parce qu'elle en fera un vin effervescent. Cette seconde fermentation produit des sédiments (levures mortes etc...) qui sont concentrés dans le col de la bouteille par le remuage, puis expulsés lors du dégorgement. Les vins reçoivent ensuite leur «liqueur d'expédition», un mélange de sucre et de vin en proportions variables selon le style de champagne, pour corriger leur acidité et rectifier le niveau, avant l'étiquetage et la mise sur le marché.

Les différents types de champagne, les accords avec les mets

On distingue les champagnes brut sans année, les millésimés et les cuvées spéciales, tant pour les blancs que pour les rosés.

Les **Bruts classiques ou traditionnels**, les plus nombreux (80% de la production) sont élaborés à partir d'un assemblage de vins provenant de trois cépages (pinot noir, pinot meunier, chardonnay) issus de différentes parcelles et de plusieurs années.
Les **Bruts Blancs de Blancs** sont faits uniquement à partir de raisins blancs de chardonnay, également issus de différentes parcelles et de plusieurs années.
Les **Bruts Blancs de Noirs** sont élaborés à partir de raisins noirs: pinot noir, pinot meunier.
Les **Cuvées Millésimées** doivent être élaborées à partir de vins provenant du même millésime.
Les **Cuvées Spéciales** représentent le sommet de la gamme ; à de rares exceptions près, elles sont toujours millésimées.

Le champagne peut accompagner tout un repas. De nombreuses recettes de plats truffés

294

CHAMPAGNE
RUINART
PÈRE ET FILS
Mucha
PARIS
RHEIMS

IMPRIMERIE
CASSAN FILS
FONDÉE en 1851
IMPRESSIONS DE LUXE
ARTISTIQUES & COMMERCIALES
RAMIER DU CHATEAU
TOULOUSE

MOËT & CHANDON
CHAMPAGNE
WHITE STAR
Mucha

MOËT & CHANDON
DRY
IMPÉRIAL
Mucha

incorporent du champagne et l'accord truffes/champagne est un grand classique de la gastronomie française.

On recommande de boire les blancs de blancs en apéritif, notamment un champagne jeune, un brut frais qui réveille bien les papilles, puis un millésimé sur les entrées, comme une *salade gourmande* (des haricots verts et des pointes d'asperge avec du foie gras et des truffes émincées) et sur les poissons. Les grands champagnes d'exception, faits à partir de chardonnay (notes de noisette et miel) vont aussi très bien avec les volailles et poissons en sauce truffés, auxquels ils apportent l'équilibre de leur fraîcheur, comme le *blanc de turbot sur un risotto de truffes fraîches* que propose Marc Haeberlin à l'Auberge de l'Ill.

Le caractère vineux des grands champagnes où le pinot noir est très présent (Bollinger, Krug, Roederer) leur permet d'accompagner beaucoup de plats. Etant donné leur qualité et leur prix, on privilégiera les accords au sommet : langoustines, turbot rôti, *tronçon de turbot clouté aux truffes*, comme chez Boyer à Reims, foie gras (en terrine ou poêlé), gibiers à plume, salades de truffes, voire des *truffes à la serviette*[20] ou des plats inattendus, comme les *Maultaschen*[21] de choux-raves aux homards et velouté de truffes que sert Dieter Kaufmann à «Zur Trauben», un des plus grands restaurants allemands ou le

20 - *Il s'agit de truffes pochées au champagne puis légèrement braisées au four dans une terrine hermétiquement fermée. Elles sont servies sur des toasts grillés, enveloppées dans une serviette pour garder tous leurs arômes, accompagnées d'une petite saucière de la sauce de cuisson.*

21 - *Sorte de ravioli.*

consommé de choux blancs braisés aux truffes servis avec un foie gras de canard légèrement grillé que propose un grand cuisinier suédois, Christer Lingström.

Les grands champagnes rosés (le très remarquable Krug rosé en est l'archétype), à la fois fruités et délicats, sont des champagnes de fête mais aussi de grande gastronomie. Ils vont avec les poissons les plus goûteux, ou une *langue de bœuf Lucullus* (une terrine de langue de bœuf fumée avec des truffes et du foie gras), ou encore des volailles de Bresse (superbe accord de texture des grands champagnes avec des viandes blanches très fines), voire des gibiers à plume (ou des gibiers à poil : préférer alors un grand rosé issu à 100% de pinot noir), ou encore des plats truffiers marqués d'une touche d'exotisme (comme par exemple, des *émincés de poularde au chou chinois, servis avec des lamelles de truffes*)...

L'accord du champagne avec les produits de la mer avait déjà été remarqué par Jules Vernes dans *Les Enfants du Capitaine Grant*. Lord Glenarvan, après avoir pêché un requin marteau éventre le monstre pour... trouver dans son estomac une bouteille de champagne :

«Avant d'être visitée intérieurement, la bouteille fut examinée à l'extérieur. Elle avait un col effilé, dont le goulot vigoureux portait encore un bout de fil de fer entamé par la rouille ; ses parois, très épaisses et capables de supporter une pression de plusieurs atmosphères, trahissaient une origine évidemment champenoise.»

Il faudrait essayer avec un bon champagne le filet de requin-marteau aux truffes... Dans les accords entre les mets et le champagne il y a peu d'interdits, il faut quand même éviter des préparations culinaires marquées par l'amertume ou l'acidité, ou encore des desserts trop sucrés.

Rémi Krug et un jéroboam - Photo De Visu

Né en Suisse dans les glaciers des Alpes, le Rhône traverse avec impétuosité le quart sud-est de la France pour se jeter dans la Méditerranée. Tout le long de son cours, en Suisse déjà, mais surtout en France, le Rhône est entouré de vignobles de qualité, qui produisent des vins réputés depuis plus de deux millénaires. Il irrigue de surcroît des provinces où s'épanouit la tuber melanosporum, la reine des truffes noires, aussi appelée Truffe du Périgord, bien qu'il en soit récolté bien plus en Provence que dans le quart sud-ouest de la France. Historiquement, il est probable que les bouteilles de vins des Côtes-du-Rhône bues avec des plats à base de tuber melanosporum se comptent par centaine de millier, en raison de la quantité de la production et de la consommation locale de ces truffes, accompagnées de préfèrence des vins du pays, des vins à la structure ronde et veloutée, qui sentent bon la guarrigue, les épices et l'olive noire. Ils font bon ménage avec toutes les cuisines du soleil assaisonnées d'herbes de Provence et d'huile d'olive et des plats cuisinés comme un poulet marengo ou un bœuf à la gardiane. Ces vins apprécient les textures un peu fermes, ils s'entendent très bien par exemple avec la viande de porc sous toutes ses formes, du filet à la saucisse, et dans toutes ses préparations, même épicées ou exotiques.

Les Vins des Côtes-du-Rhône, de Provence & les truffes

Les vins des Côtes-du-Rhône septentrionales

Hermitage

A quelques dizaines de kilomètres au sud de Lyon, l'**Hermitage** est, avec la Côte Rôtie la plus prestigieuse des appellations des Côtes-du-Rhône. Il semble que l'on ait cultivé la vigne à cet endroit depuis très longtemps, bien avant que la Gaule ne devienne romaine. La légende veut que le principal cépage rouge, la syrah soit originaire de Shiraz et ait été ramené d'Orient par les Croisés, mais il est plus vraisemblable que ce cépage soit tout simplement d'origine locale. D'ailleurs le Croisé mythique de l'appellation, le Chevalier Gaspard de Sterimberg, n'est pas allé en Terre Sainte, c'est un rescapé de la Croisade contre les Albigeois...

Le vignoble de l'Hermitage s'étend sur un imposant coteau granitique dominant la rive gauche du Rhône. Les 126 hectares de l'appellation sont exposés plein sud et reçoivent toute la journée les rayons du soleil. En rouge comme en blanc, l'hermitage est un vin puissant qui va particulièrement bien avec les plats de truffes. L'hermitage blanc a le privilège de bien accompagner l'ail, qui ne s'accorde en général pas bien avec le vin. Il faut y penser quand on vous servira une *salade légèrement aillée accompagnée de truffes* ou *une brandade de morue truffée*. Il va aussi très bien avec toutes les préparations à base de *truffe blanche*, à cause de la saveur légèrement alliacée qui caractérise la *tuber magnatum*, comme, par exemple, la fabuleuse *tarte de pâtes fraîches à la courge et truffes blanches du Piémont* de l' «Antica Osteria del Ponte», à côté de Milan, un des plus grands restaurants d'Italie, ou la succulente *tortino di tapinambur con fonduta di fontina al tartufo d'Alba*, que prépare Angelo Valazza, non loin du Lac Majeur ou encore la *truffe blanche à la mousseline de brochet* que prépare Pierre Gagnaire. L'hermitage rouge quant à lui, est un partenaire naturel du gibier, comme une *tourte de faisan truffée* ou le *lièvre à la royale* et de tous les grands plats de viande goûteux et raffinés à base de sauces au vin, des champignons, des abats…

Les vins des Côtes-du-Rhône septentrionales

«Hermitage La Chapelle»

«Chevalier de Sterimberg»

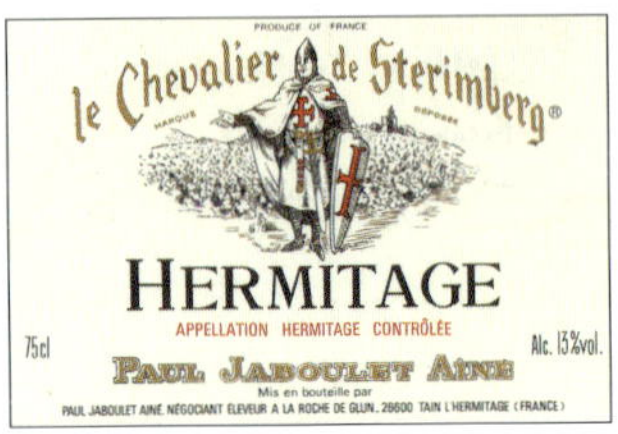

C'est la Maison **Jaboulet** qui produit le fameux **«Hermitage La Chapelle»**, un des grands vins mythiques du patrimoine viticole français. La robe de l'hermitage-la-chapelle ressemble dans sa jeunesse à la couleur des cerises très mûres, il déploie alors des arômes de cassis, de violette et de fruits sauvages. En vieillissant, il évoluera vers des arômes de cuir, de truffe, d'humus et de sous-bois. En bouche, il se caractérise par la finesse de ses tannins et une superbe finale épicée. C'est un grand vin truffier, qui accompagne toutes les préparations de viandes et de gibiers à base de truffes ou même de tous simples *Crostinis aux truffes et à la moelle* servis au début d'un repas. Pour les plats de truffes à base d'œufs, préfèrez plutôt un hermitage blanc, comme le **«Chevalier de Sterimberg»**, l'hermitage blanc de Jaboulet. D'une grande intensité aromatique, il se caractérise dans sa jeunesse par des arômes de fruits blancs (poire, pomme). Au vieillissement, des notes de miel et de caramel apparaîtront. Ce vin exprimera très bien toute sa finesse onctueuse sur des *tagliatelles au foie gras et à la truffe* ou bien en compagnie d'un *velouté de haricots aux truffes* ou encore de la *soupe d'artichauts aux truffes blanches et noires*, comme la prépare Guy

Savoy, avec une brioche feuilletée aux champignons des bois, qui renforce encore la qualité de l'accord avec le vin. Il ira aussi très bien avec un *gratin de queues d'écrevisses aux truffes* voire une *omelette aux queues d'écrevisses accompagnée de lamelles de truffes* comme on la fait chez Greuze à Tournus ou la *truite au porto* de l'auberge du Père Bize à Talloires[22]…

Le nom de **Chave** est un des plus grands noms de l'appellation. La famille produit des hermitages depuis 1481. Chave, qui possède plusieurs parcelles sur divers lieux-dits est un véritable génie de l'assemblage. Il fait de très grands vins en appliquant des recettes incontournables. Les rendements, notamment, sont très bas. Il met aussi en bouteille sans filtration et a la chance d'avoir de très vieilles vignes. Les hermitages rouges doivent être attendus très longtemps. Les blancs, riches, onctueux et complexes sont de superbes vins de haute gastronomie, à déguster sur une *salade de pommes de terre rattes aux truffes fraîches de la Drôme* comme la propose Chabran, à Pont-de-l'Isère ou encore mieux sur cette trouvaille d'un grand «étoilé» d'Outre-Rhin : la *mousseline de pommes de terre avec truffes blanches et homard*[23]. Les blancs comme les rouges seront grandioses avec un *chapon de bresse, gros sel*[24] ou le *pied de porc farci de*

22 - *Il s'agit d'une truite farcie d'une julienne de truffes, céleri et champignon de Paris, légèrement mouillée au Porto, Noilly, Xérès et vin blanc sec, servie avec des lamelles de truffes.*
23 - *Heinz Winkler*
24 - *C'est un chapon truffé cuit dans du gros sel. Bocuse réussit admirablement cette recette.*

Côte Rôtie

ris de veau, poulette de bresse, champignon et truffes d'Alain Chapel.

A une trentaine de kilomètres au sud de Lyon, sur le Rhône, autour du gros bourg d'Ampuis, la vigne monte à l'assaut de pentes vertigineuses, sur des coteaux abrupts, exposés plein sud-est. Sur ces terrasses caillouteuses, poussent des plants de Syrah et de Viognier qui sont à l'origine d'un des plus grands vins de France et du monde : le **Côte Rôtie**. Un rouge puissant et velouté, avec de très beaux arômes de fruits rouges, de violette, de truffe, de gibier et d'épices, des tannins fins et élégants.

A table, le côte-rôtie va bien avec des mets puissants et goûteux, comme les recettes à base de truffes (Alain Senderens préconise une côte rôtie avec son *canard sauvage au céleri et aux truffes*), le gibier (salmis de bécasse, civet de lièvre, filet de sanglier en daube...), le canard au sang , les viandes en sauce, les belles pièces de viande grillées ou rôties (côte de bœuf, onglet à l'échalote), les abats rôtis entiers et les fromages régionaux (Saint-Marcellin bien affiné, *Saint-Marcellin aux truffes*). Un côte-rôtie aurait été superbe pour accompagner la pièce de bœuf servie lors du dernier dîner des passagers de première classe, à bord du Titanic, le 14 avril 1912 : *des filets mignons Lili*[25]...

25 - *Il s'agit de filets de bœuf accompagnés d'une sauce au vin, garnis d'une tranche de foie gras ainsi que de truffes et d'artichauts, et présentés sur un lit de «pommes de terre Anna» (pommes de terre au beurre brunies au four).*

On ne saurait évoquer les vins de Côte Rôtie sans raconter l'étonnante saga de la famille **Guigal** : un roman à la Dickens qui finit en conte de fée. En 1917, quand Etienne Guigal , le père de Marcel, a huit ans, il doit abandonner l'école pour travailler. Son père vient de mourir et sa mère n'a plus les moyens de subvenir à ses besoins. A onze ans, il est ouvrier d'usine à Saint-Chamond. En 1923, à l'âge de quatorze ans, Etienne trouve un travail de journalier à Ampuis, dans la maison de négoce Vidal-Fleury. Le jour de son embauche, il dit à son frère : «un jour cette maison m'appartiendra...» un rêve que son fils Marcel réalisera en 1984. Il crée ensuite sa propre affaire de négoce, que Marcel reprendra en 1961, et commence à acheter des vignes... Aujourd'hui, la maison Guigal est le plus gros négociant du nord de la vallée du Rhône et possède les plus belles vignes de l'appellation Côte Rôtie. La maison est propriétaire en Côte Brune et en Côte Blonde, elle est surtout connue pour les trois microclimats qu'elle vinifie : La Mouline, La Turque et La Landonne. La Mouline, qui est un monopole, provient d'un hectare de vignes en Côte Blonde, dont 15% de viognier (un cépage blanc), qui lui donne beaucoup de finesse et d'élégance, et lui permet de mettre remarquablement en valeur, par exemple, le *parmentier d'oie et de ris de veau à la truffe* que prépare Michel Guérard. Pour

Les vins des Côtes-du-Rhône septentrionales

La Mouline, le modèle de vinification de Guigal est le musigny. La Turque, en pleine Côte Brune, est aussi un monopole. La première récolte a eu lieu en 1985. La Landonne jouxte la Côte Brune. Guigal la partage avec d'autres propriétaires.

C'est un vin de syrah sombre, massif et charpenté, avec des arômes de violette, un vin qui saura galvaniser un *lièvre à la royale*. Le modèle de Guigal pour La Landonne, c'est Château Latour. Guigal propose aussi aux amateurs deux autres côte-rôtie, «La Brune et La Blonde», un assemblage de vins issus des deux côtes (parfait sur la *compote de queue de bœuf à la purée de truffes de Lameloise*) et le Château d'Ampuis, assemblage de lieux-dits entourant le château d'Ampuis (ne pas hésiter à en sacrifier une bouteille sur les *lasagnetta ai cipollotti freschi, porri e tartufi neri*, un des grands succès de l'Osteria del Ponte[26]). Ces deux vins, plus vite prêts à boire que les trois grandes cuvées, se situent néanmoins tout à fait au sommet de la gamme des vins de Côte Rôtie.

26 - *Célèbre restaurant trois étoiles italien, situé à côté de Milan.*

Entre Orange et Avignon, les 3300 hectares du vignoble de Châteauneuf-du-Pape produisent au cœur d'une des plus belles régions de France des rouges puissants et généreux et des blancs opulents et fruités. La plupart des vignes sont plantées sur une sorte d'océan de galets qui masquent la terre. Ces gros cailloux agissent comme des calorifères, restituant la nuit la chaleur emmagasinée pendant la journée, on dit que la vigne est placée ici «entre deux soleils». Les rendements sont faibles (35 hl par hectare) et la multiplicité des cépages permet de produire des vins très différents selon les producteurs. On ne compte en effet pas moins de treize cépages rouges et blancs (quatorze, avec le grenache blanc), mais le grenache noir est très majoritaire : c'est le grand cépage traditionnel des châteauneuf-du-pape rouges. Il est souvent complété par

Château de Beaucastel

la syrah, qui donne de la structure au vin et le mourvèdre, qui apporte ses agréables notes poivrées. Les cépages des blancs sont surtout la clairette, la roussanne et le grenache blanc qui donnent des châteauneuf-du-pape blancs gras et aromatiques, que l'on compare parfois aux vins de Meursault. Le meilleur est probablement celui du **Château de Beaucastel**. Jeune, il accompagne très bien les plats d'œuf (comme la *brouillade d'œufs aux truffes de Valréas*, servie au Ritz) de poisson, de viande blanche ou de crustacés truffés contenant du beurre ou de la crème.

Plus vieux, il ira très bien avec la cuisine exotique ou avec des plats relevés par un assaisonnement de truffe blanche du Piémont, la fameuse *tuber magnatum*, comme des *ravioles aux truffes du Piémont* ou une salade d'artichauts à la truffe blanche ou encore un *risotto d'Alba*. On peut aussi l'essayer avec des *langoustines sautées à l'huile d'olive et truffes*, comme on fait chez Pic à Valence, mais aussi avec des plats de terroir robustes et goûteux, comme le *Saint-Marcellin aux truffes* ou une truffe cuite dans une pâte à pain.

Quand il est jeune, le châteauneuf-du-pape rouge de Beaucastel a des effluves de fleurs et de fruits; quand il vieillit, il devient plus épicé, avec une note animale, et le bouquet gagne en complexité, avec des arômes de figue sèche et de truffe. Il accompagne très bien toutes les préparations de viande, de plats goûteux (*lasagnes au foie gras de canard truffé*) et de gibier aux truffes, voire le fameux *Pigeon Prince Rainier* créé par le regretté Raymond Oliver[27].

Enfin, on ne saurait parler des vins de Châteauneuf-du-Pape sans mentionner **Château Rayas** qui produit un vin délicieux, que les amateurs du monde entier s'arrachent, à partir d'un superbe terroir (15 hectares de vieilles vignes de grenache exposées plein nord, entourées de forêts de pins et de chênes) et avec des rendements minuscules (15 hl par hectare). C'est un vin incroyablement savoureux, d'une densité et d'une concentration exceptionnelles, un des meilleurs compagnons de la truffe qu'il soit possible de trouver. Il s'accordera avec les préparations les plus fortes (comme les sauces à base de madère ou de porto) mais sa finesse saura mettre en valeur un plat aussi simple et délicat qu'*un poulet truffé à la broche* ou une *truffe à la croque au sel*, servie sur une tranche de pain cuit dans la cheminée… N'oublions pas enfin que la célèbre Mère Brazier, qui officiait à Lyon entre les deux guerres, proposait un châteauneuf-du-pape avec ses fameux *fonds d'artichauts au foie gras truffé ; les quenelles au gratin de beurre d'écrevisse* et la *poularde demi-deuil* étant, pour ce qui les concerne, arrosées de crus du beaujolais, ce qui illustre bien la plasticité de ces vins, que nous avons déjà soulignée.

Château Rayas

27 - *Il s'agit d'un pigeon farci de foie gras et de truffes, flambé à l'Armagnac.*

Gigondas

Domaine Perrin

Les Dentelles de Montmirail sont ces collines qui constituent le dernier contrefort du Mont Ventoux vers le Rhône : de hautes parois blanches, très découpées, qui dominent la plaine. Leur beauté les avait fait appeler par les Romains «Mons mirabilis», la montagne merveilleuse, d'où le nom de Montmirail. A leur pied, s'étendent des vignobles qui comptent parmi les plus fameux des Côtes-du-Rhône : ceux de Gigondas et de Beaumes-de-Venise.

Les vins de **Gigondas** ont accédé à l'appellation d'origine en 1971.

Le cépage dominant de l'appellation est la grenache, qui réussit particulièrement bien sur ces sols maigres.

Complété de syrah et de mourvèdre, il donne un vin rouge puissant, de grande garde, aux nuances aromatiques de petits fruits rouges et d'épices, avec en finale, une agréable pointe de fraîcheur. Le **Domaine Perrin** fait d'excellents gigondas. Ce sont des vins puissants et parfumés, avec beaucoup de matière. Il faut les boire avec des plats locaux, des ragoûts cuisinés avec des truffes ou, tout simplement, une truffe sous la cendre. Un vieux millésime aux tannins adoucis par le temps pourra être un bon partenaire pour une *poularde dauphinoise* (une poularde truffée, cuite en vessie dans un fond de volaille).

Presque inconnu il y a dix ans, le **Muscat-de-Beaumes-de-Venise** jouit maintenant de la faveur du public, ainsi que de celle des sommeliers et des critiques spécialisés. La magie de son nom y est sans doute pour quelque chose, bien qu'on soit fort loin de Venise: «Beaumes» est une évolution de «balmes», mot qui désigne des grottes naturelles situées dans les Dentelles de Montmirail. On s'y réfugiait autrefois, en période de troubles. La région était au treizième siècle, sous administration papale, il s'appelait alors Comté de Vénasque, appellation que le parler provençal fit évoluer en Comtat Venaissin, et par déformation Venise. Il faut reconnaître que ce joli nom va très bien à ce vin tout en finesse et en beauté. C'est un grand vin de dessert, spectaculairement aromatique et flatteur, avec des nuances de pêche blanche, d'abricot, de fruits secs, et une fin de bouche très pure et très longue. Ce muscat accompagne bien les *foies gras truffés*, *la glace aux truffes*, et d'autres desserts à base de truffes, comme la délicieuse *gelée Marcela*, faite à partir de truffes, de thé et de vieux rhum…

Muscat-de-Beaumes-de-Venise

Rappelons enfin qu'il existe, à petits prix, un certain nombre d'excellents côtes-du-rhône régionaux, comme ceux du Domaine Charvin à Orange, du **Château Redortier** ou du

Château Redortier

Les vins des Côtes-du-Rhône méridionales

Côteaux du Tricastin

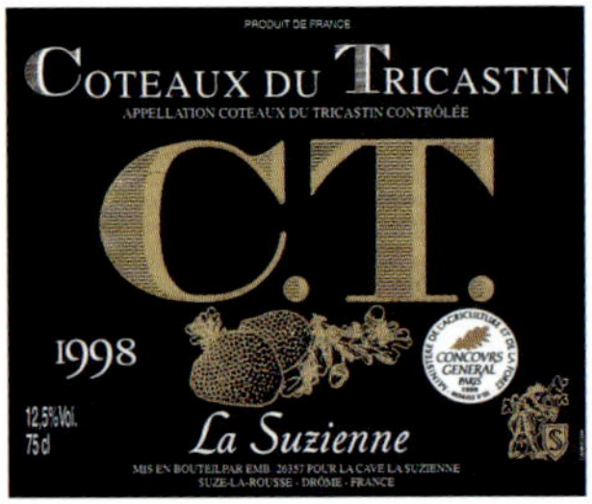

Domaine de Gramenon à Montbrizon. Tous ces vins vont très bien avec les robustes plats de gastronomie locale à base de truffes. Mention spéciale, enfin, aux **Côteaux du Tricastin**, premier terroir de la truffe en France, où des vignerons talentueux (souvent aussi trufficulteurs), produisent des rouges dont les parfums subtils et puissants font écho à ceux du diamant noir. Essayez-les en compagnie d'une *brouillade aux truffes* ou d'une *tourte de pommes de terre à la truffe fraîche* ou, tout simplement avec des *pommes de terre à l'huile et aux truffes*. Les blancs accompagneront bien des *ravioli a la ricotta et truffe blanche* comme sait les préparer Nadia Santini, la seule cuisinière au monde à détenir les trois étoiles Michelin[28].

Plus au sud, les côtes-du-lubéron sont aussi d'excellents vins truffiers. Le terroir calcaire et la fraîcheur du massif du Lubéron, relativement à la vallée du Rhône, permettent de produire des rouges originaux et fruités et, surtout, une proportion relativement importante de vins blancs qui font merveille sur les recettes de truffes à base d'œufs et de poissons.

28 - *Dal Pescatore, le restaurant est situé dans le petit village de Canneto sull'Oglio, près de Mantoue.*

A tout seigneur tout honneur, quand on parle des vins de Provence, il faut commencer par **Bandol**. La forte proportion de cépage mourvèdre qui entre dans l'assemblage des bandol rouges explique une grande part de leur séduction car elle leur donne ce bouquet savoureux et inimitable de fruits noirs, de cuir et de truffes. Les meilleurs bandols sont des vins de gastronomie, dignes de la plus grande cuisine française, qu'elle soit traditionnelle ou «nouvelle cuisine». Il ne faut pas les boire trop jeunes, il sont alors fermés et leur force tannique peut surprendre. Avec l'âge, les tannins se fondent et on a affaire à un vin gras, concentré, épicé, avec une belle longueur en bouche. L'expression la plus achevée du bandol est le bandol rouge, mais le bandol rosé apporte une fraîcheur et

Bandol

Les vins de Provence

une vivacité appréciables et il a généralement plus de corps que les autres rosés de Provence. Il y a aussi quelques bons vins blancs secs, parfaits avec les poissons et les fruits de mer, voire avec des plats truffiers à base de légumes, comme les *légumes de paysan de Provence à l'huile d'olive, mijotés à la truffe noire écrasée* d'Alain Ducasse.

Château de Pibarnon

Le **Château de Pibarnon** est un des meilleurs domaines de Bandol. Ses vins rouges sont sombres et puissants, suaves, avec beaucoup de race. Quand ils sont arrivés à maturité, ils se distinguent par leur élégance ; il faut les marier avec des plats à la fois forts et subtils, comme un *pigeonneau rôti aux truffes noires*. Le rosé, à la robe pâle, est souple et fruité ; il accompagne très bien une fine et délicate *salade d'écrevisse aux truffes d'été* voire même, tout simplement une truffe râpée sur un lit d'endives, il se déguste aussi très agréablement en été sur une *salade de mesclun et truffe*, légèrement assaisonnée, voire sur des *croquettes de volaille truffées* ou même les *coquilles Saint-Jacques sur la braise, herbes sauvages et amères, pissenlit et barbe de capucin, truffe noire émincée, dentelle de parmesan* que propose Alain Ducasse au «Louis XV» de Monte-Carlo.

Côteaux d'Aix

Jean-Marie Rocchia a déjà évoqué les excellents **Côteaux d'Aix** du Domaine du Deffends, comme le bien nommé «Clos de la Truffière», un grand vin rouge, concentré et profond, avec des tannins soyeux et élégants. Il faut aussi apprendre à connaître quelques grands vins rouges produits dans les **Côtes de Provence**, comme celui du Château de Mont-Réal voire celui du Domaine de La Courtade à Porquerolles.

Ces vins puissants et fins mûrissent vite et deviennent d'excellents vins truffiers dès qu'apparaissent les premiers arômes de maturité, avec en plus des notes d'olive noire et de pinède qui se marient très heureusement avec les goûts des cuisines du sud. Ils vont très bien, par exemple, avec l'*agneau confit servi avec des haricots verts aux truffes* que fait Bruno dans son restaurant de Lorgues, une des grandes adresses truffières du sud de la France. Autre avantage : ils accompagnent le poisson aussi bien que la viande. Le Mont-Réal blanc fera merveille avec les *légumes des jardins de Provence mijotés à la truffe noire écrasée, huile d'olive de Ligurie, aceto balsamico et gros sel gris*, que propose Alain Ducasse à la carte du Louis XV de Monte-Carlo ou les *ravioli de truffes aux poireaux* de «L'Oustau de Baumanière» ou enfin, le *poupeton de fleur de courgette à la truffe noire de Valréas, jus de champignon des bois* que propose Vergé au «Moulin de Mougins».

Côtes de Provence

DE GRAIN
APPELLATION ALSACE CONTROLÉE
Domaine Weinbach
MIS EN BOUTEILLE A LA PROPRIÉTÉ
Théo Faller
375 ml
ALCOHOL 14,5 %
BY VOLUME
Viticulteur à Kaysersberg-Weinbach Haut-Rhin
PRODUCE OF FRANCE
JESS - COLMAR
D'APRÈ
LLATION ALSACE CONTROLÉE
OPFF & IRION
MARQUE DÉPOSÉE

Les Vins d'Alsace de Suisse & les Truffes

Peu de régions réunissent autant d'atouts pour la culture de la vigne que l'Alsace. Le ou plutôt les terroirs, où se mêlent les terres d'origine volcanique, l'argile, le calcaire et le granit ; l'exposition des meilleures vignes sur les pentes orientales des Vosges (qui contribuent à faire écran aux précipitations venues de l'ouest), font du vignoble alsacien un petit paradis du viticulteur et de l'amateur de vin. Il faut savoir qu'en moyenne annuelle il pleut moins à Colmar qu'à Marseille...

Les vins d'Alsace sont des appellations contrôlées monocépages. Tous les vins proviennent d'un seul cépage dont ils portent le nom, à l'exception (négligeable) du Edelzwicker. Les trois plus grands cépages sont le riesling le pinot gris et le gewurztraminer. Le **Riesling** est le cépage noble de la vallée du Rhin, il peut donner des vins d'une finesse extraordinaire qui accompagneront bien des plats de poisson ou de coquillage avec des truffes. Essayez un bon riesling avec *L'éclipse de Saint-Jacques et croque melba de truffes* ou le *tartare de Saint-Jacques truffé, toast mélanos,* deux plats que l'on sert chez Faugeron, un des meilleurs restaurants de truffes de Paris. Le **Pinot Gris**, dont on fait le tokay pinot gris, est un vin blanc sec, généreux et corsé, qui rivalise parfois avec les meilleurs bourgognes blancs. Il se déguste agréablement avec des préparations de poissons mais il met aussi très bien en valeur les viandes blanches, comme le *piccata de veau de lait en chapelure de*

Riesling

Pinot Gris

truffes que fait Boyer à Reims, aux Crayères. Le **Gewurztraminer** donne un vin très rond, parfois moelleux avec un bouquet aromatique et exubérant qui évoque le poivre, la rose et les litchis. Ce n'est pas spontanément un vin truffier, mais on peut l'associer avec des plats de truffes un peu marginaux, comme le *velouté de potiron truffé* de Beaugravière, le grand restaurant de truffes de la vallée du Rhône. Par ailleurs et comme le fait remarquer Emile Jung, le patron du célèbre Crocodile (trois macarons Michelin), à Strasbourg, c'est un des rares vins à supporter la vinaigrette, ce qui en fait un allié précieux pour toutes les salades de truffes légèrement relevées.

Il existe en Alsace cinquante grands crus, qui correspondent à un terroir précis, du Altenberg de Bergbieten au Zotzenberg, en passant par le Brand, le Goldert, le Rangen, le Schlossberg et bien d'autres. Les vins qui en sont issus sont des produits de grande qualité, répondant à des critères sévères en termes de rendement et de degré alcoolique naturel minimal. Les seuls cépages des grands crus sont le riesling, le muscat, le tokay pinot gris et le gewurztraminer. Les riesling, gewurztraminer et tokay pinot gris peuvent aussi bénéficier de l'appellation vendanges tardives ou sélection de grains nobles. Nous sommes là tout à fait au sommet de la gamme. Il s'agit de grands vins, généralement moelleux, réalisés à partir de raisins cueillis très tard, en surmaturité. Les

Gewurztraminer

vins portant la mention «sélection de grains nobles» sont faits uniquement à partir de raisins atteints de pourriture noble (*botrytis cinerea*), récoltés par tris successifs. On n'en produit que dans les années très chaudes. Ce sont des vins doux et riches, qui peuvent vieillir très longtemps. Ils vont bien avec des foies gras truffés, mais il ne faut pas hésiter à les apparier avec une *noix de ris de veau au risotto truffé ou même des ravioles de homard aux truffes noires.*

En France, on ne connaît guère des vins suisses que le fendant, que l'on boit traditionnellement avec la fondue dans les chalets restaurants des stations de sports d'hiver, mais ce pays de montagne recèle nombre de cépages peu connus comme la petite arvine, l'humagne, le gamaret et le cornalin qui donnent des vins étonnants, fins et très parfumés. La Suisse romande possède 74% du vignoble, établi pour l'essentiel dans le Valais et le canton de Vaud. Le vignoble vaudois borde la rive nord du lac Leman, qui restitue aux vignes pendant la nuit la chaleur du soleil qu'il a emmagasinée pendant la journée. Le grand cépage local est le chasselas, un cépage blanc, souvent embouteillé avec un peu de gaz carbonique qui lui procure de la fraîcheur. Décliné localement en plusieurs crus, il donne des vins intéressants quand les rendements ne sont pas trop élevés. Ce vin jaune pâle, aux notes fruitées et minérales, s'entendra toutefois mieux avec des préparations à base de truffes de Bourgogne qu'avec des plats de *tuber melanosporum* qui risquent de heurter sa tendance très suisse à une légère neutralité.

Les vins du Valais, au contraire, et surtout les vins rouges, peuvent être carrément exubérants, riches et corsés et se révèlent, à l'usage, de vins truffiers, puissants et originaux. Il ne faut pas oublier que le Rhône naît en Suisse et que nous avons affaire aux cousins des côtes rôties, hermitages et autres cornas. Il existe d'ailleurs un ermitage suisse, un vin blanc issu de marsanne. En rouge, il faut absolument déguster avec tous les riches plats de viande de la cuisine à base de truffes le très rare humagne rouge et spécialement l'humagne-de-chamoson avec son nez épicé et sauvage, sa bouche profonde et riche en fruits noirs, ses tannins veloutés et fondus. Essayez-la avec la *macaronade de pigeons et truffes de Beaurecueil* que prépare Daniel Ficht, un passionné de truffes et de champignons, à l'Auberge de Pinchat, près de Genève. Il y a aussi dans le Valais de beaux vins de syrah, un cépage truffier s'il en est ; enfin il ne faut pas quitter le vignoble suisse sans avoir goûté des vins de cornalin, un autre cépage rouge du Valais qui ressemble à l'humagne en plus charnu et fait merveille sur les volailles truffées.

Les vins de Loire et du sud-ouest ne jouissent pas de la réputation des bordeaux ou des bourgognes, voire même des côtes-du-rhône. Il faut reconnaître que ces régions forment souvent une véritable mosaïque de sols, de cépages et d'appellations. Cette fragmentation de l'offre peut déconcerter l'amateur. On y trouve cependant beaucoup de bons vins qui ont l'avantage d'être les vins du pays de la truffe (on récolte d'excellents exemplaires de tuber melanosporum à quelques kilomètres de la Loire).

Les Vins de Loire, du Sud-Ouest, Languedoc, Périgord & les Truffes

Les vins de Loire

La Loire naît au cœur de le France, dans le Massif Central, pour se jeter, après un long parcours sinueux dans l'Océan Atlantique au sud de la Bretagne. Des dizaines de vignobles se pressent sur les rives de ce grand fleuve majestueux, le plus long des fleuves français (plus de 1000 kilomètres). Une des régions viticoles les plus prestigieuses de la Loire est située presque exactement au milieu de son cours, à mi-chemin entre sa source et l'océan : il s'agit du Sancerrois où sont produits deux grands vins blancs internationalement connus et imités jusqu'en Californie (le «fumé blanc») et en Nouvelle Zélande («Cloudy Bay Sauvignon Blanc») : le sancerre et le pouilly-fumé. Ces deux appellation se font face, de part et d'autre du fleuve, sur un moutonnement de collines. La plupart des vins sont des blancs faits à partir du cépage sauvignon, mais il ya aussi à Sancerre des rouges et des rosés non dénués d'intérêt issus du pinot noir, le cépage de la Bourgogne rouge.

Sancerres

Les **Sancerres** blancs ont une agréable acidité qui leur donne beaucoup de fraîcheur, des arômes de buis, de sureau de feuille de cassis, d'iris et une bouche fruitée, avec une pointe de pierre à fusil. On retrouve aussi souvent en finale des notes musquées, caractéristiques du cépage. Ils font merveille sur le fromage local, le crottin de chavignol (un fromage de chèvre), mais aussi sur tous les poissons de rivière grillés ou en sauce et les viandes blanches, notamment celles préparées avec des truffes de Bourgogne. L'appellation Sancerre s'étend sur 2270 hectares de vignes répartis entre 14 communes et 400 vignerons : autant dire que l'amateur a le choix... Vous ne vous tromperez pas en vous adressant au Domaine Henri Bourgeois à Chavignol avec son excellente cuvée La Bourgeoise, au Domaine Alphonse Mellot ou au Domaine Lucien Crochet qui produit des sancerres blancs et rouges gourmands et fruités. De temps en temps, Lucien Crochet fait une cuvée de vendanges tardives, comme ses «Vendanges Tardives du 25 octobre 1990», qui développent des arômes de truffes tout à fait remarquables.

Pouilly-Fumé

Les **Pouilly-Fumé** sont souvent plus denses et profonds que les sancerres. Les meilleurs d'entre eux ont un fruité intense qui évoque les fruits blancs ou jaunes (pêche, abricot), avec des notes d'agrume et cette pointe indéfinissable de «fumé»qui a donné à l'appellation la moitié de son nom. Le Sauvignon est ici à la limite septentrionale de sa culture, ce qui explique son élégance et la race de ses arômes. En bouche, les pouilly-fumé allient au fruit une bonne structure, toujours soulignée par cette fraîcheur que l'appellation partage avec les sancerres. Ces vins s'expriment particulièrement bien sur les fruits de mer et les poissons : le brochet, l'omble chevalier, le sandre et leur accompagnement de truffes en

saison. La «star» de l'appellation est Didier Dagueneau, qui produit sur des terroirs d'exception, avec de tout petits rendements des vins d'une race et d'une subtilité extraordinaire, du moins pour les meilleurs cuvées («Silex» et «Pur Sang»), qui sont quand même vendues au prix d'un grand bourgogne blanc... Autre excellent producteur, Jean-Claude Dagueneau au Domaine des Berthiers, avec un pouilly-fuissé Cuvée d'Eve d'une onctuosité et d'une persistance exemplaires à un prix raisonnable. Il faut enfin citer le Domaine de Ladoucette au château de Nozet où Patrick de Ladoucette a grandement contribué à la promotion de l'appellation en commercialisant la première cuvée de prestige de pouilly-fumé qui connaisse un vrai rayonnement international : Baron de L.

Si vous avez prévu de passer quelques jours sur place, lors de la saison des truffes, vous avez tout intérêt à résider à Tours. Cette grande ville est un nœud de communication à partir duquel il est facile de rayonner. Jean Bardet est le meilleur hotel de Tours : membre de la chaîne des Relais et Châteaux, deux étoiles au Michelin, c'est une véritable institution régionale. Cette élégante gentilhommière située dans un beau parc à trois cents mètres de la Loire est luxueusement aménagée avec des toiles de maître et des meubles anciens. Le restaurant est un des meilleurs de la région (inoubliable *pintadeau fermier truffé, parmentier de charlotte*) et la carte des vins présente tout ce qu'il y a de mieux dans les vignobles de Loire, et notamment de remarquables vouvrays liquoreux, avec un choix de plus de cinquante millésimes, de 1919 à aujourd'hui. Très belle carte également de bordeaux, de bourgognes et de champagnes.

N'oubliez pas, dans votre périple de faire un détour par la Pagode de Chanteloup, à quelques kilomètres au sud de Tours. C'est tout ce qui reste du superbe château du même nom, élevé par le duc de Choiseul, ministre de Louis XV. Exilé sur ces terres par les intrigues de la maîtresse du roi, Madame du Barry, il fit construire cette pagode à la chinoise pour inscrire sur ses murs les noms de tous les amis venus lui rendre visite lors de son exil. La pagode est haute de 44 mètres : de son sommet on a une vue magnifique sur la vallée de la Loire jusqu'à Tours. Vous pourrez notamment y percevoir le vignoble de **Saumur-Champigny**...

Historiquement, la région de Saumur a longtemps été connue par ses vins blancs, même si dans les «Très riches heures du Duc de Berry» (1416), une enluminure représente des vignerons occupés à vendanger des raisins rouges au pied du château de Saumur... La notoriété des vins rouges de cette région remonte au début du siècle. Un vigneron original, le «père Cristal», qui avait des vignes en bordure du petit village de Champigny (d 'où le nom de l'appellation) vendait alors ses vins à Clemenceau et à Edouard VII...

Saumur-Champigny

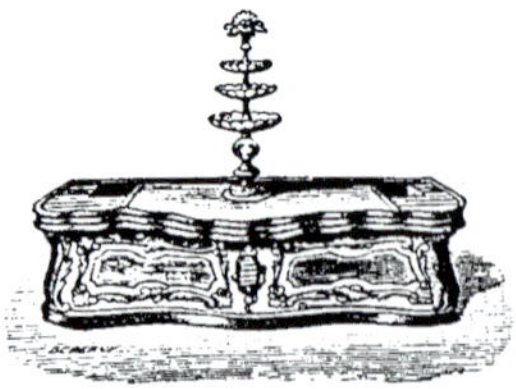

Le vin de Saumur-Champigny a connu son apogée dans les années 70 ou 80. Ce vin rouge léger, souple et parfumé, souvent servi frais est devenu un «must» de la restauration parisienne, d'autant qu'il accompagne aussi bien les plats de poisson que la viande ou le fromage. Les quantités produites et les prix ont alors atteint des sommets, à la grande satisfaction de quelques gargotiers et de quelques vignerons peu scrupuleux. Puis ce fut la catastrophique année 1992... Une année de surproduction avec des vins dilués : les cours se sont effondrés et ont été longs à remonter. Pourtant quelques vignerons font de grands vins rouges à partir de ces vignes plantées sur une superbe terre solaire, le «Campus ignis» des Romains, ou Champ de feu, qui a donné son nom à l'appellation ; des vins denses, parfumés et profonds qui sont une superbe expression du cépage cabernet-franc et savent tenir leur rang parmi les bons crus du patrimoine viticole français.

Il faut citer parmi les meilleurs producteurs la maison **Langlois-Château** qui appartient aux familles actionnaires du champagne Bollinger, ce qui lui donne les moyens nécessaires pour se développer dans de bonnes conditions et réaliser avec régularité d'excellents produits. Elle exploite depuis 1995 le vignoble du **Château de Varrains**, dont les vignes sont situées sur le meilleur terroir de saumur-champigny Elles produisent des vins d'une concentration unique, très veloutés et qui vieillissent admirablement. La vendange manuelle, l'égrappage, les faibles rendements, la vinification soignée et l'élevage en fûts de chêne permettent de produire un très beau vin, peut-être la plus belle expression du terroir de Saumur-Champigny. Le Château de Varrains se présente sous une belle robe d'un rubis profond aux reflets de grenat. Dense, long et moelleux en bouche, il se distingue par son fruité, ses tannins soyeux et sa finale finement boisée. Il accompagne avec beaucoup de distinction les viandes grillées ou rôties, les gibiers et les fromages. A signaler, Langlois-Château produit également un délicieux sancerre blanc, le Château de Fontaine-Audon, un vin élégant et racé, avec des arômes d'agrumes et une bouche fruitée, idéal avec les poissons et fruits de mer et aussi les fromages de chèvre de la Loire.

Au-delà des vins de Saumur, la Loire compte nombre d'excellents vins rouges comme les bourgueils, les saint-nicolas-de-bourgueil et les chinons, notamment les grandes cuvées de **Chinon** de la Maison Couly-Dutheil. Il faut essayer sur un *plat de truffes* un chinon «Clos de l'Echo» dans un grand millésime arrivé à maturité. Il ira fort bien avec la *pintade fermière à la broche, farcie de macaroni au foie gras et aux truffes* de l'Auberge Bretonne.

Chinon

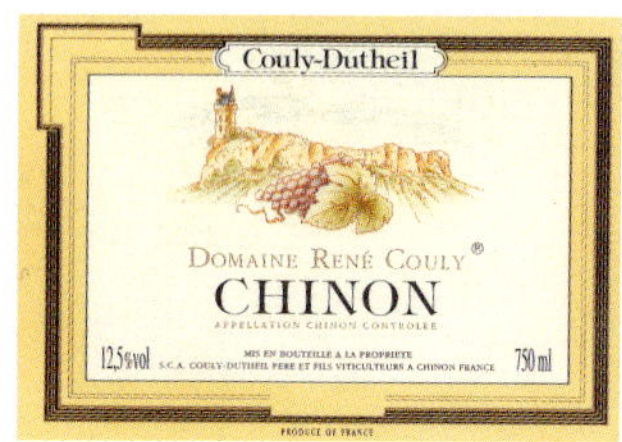

Les vins du Périgord

Châteaux de Tiregand

Le vignoble du Périgord, qui se proclame fièrement «l'autre grand vignoble de l'Aquitaine» est situé, pour l'essentiel, autour de la ville de Bergerac, dans le sud du département de la Dordogne, le long de la rivière du même nom. Il prolonge vers l'est le libournais, et donc les vignobles de Saint-Emilion et de Pomerol. Les cépages utilisés dans le Périgord sont tous sans exception, pour les vins rouges comme pour les blancs, pour les secs comme pour les liquoreux, les cépages du bordelais.

Parmi les vins rouges, il y a quelques bons bergeracs et côtes-de-bergerac, mais ils ont du mal à rivaliser avec les pécharmants. Les vignobles de Pécharmant sont localisés sur la rive droite de la Dordogne, sur des coteaux exposés au sud, autour de Bergerac. Le sol est formé de sables et graviers du Périgord, mais c'est son sous-sol où prédominent l'argile et le fer qui donne au pécharmant sa saveur particulière : ce sont des vins colorés, tanniques et fortement typés. Un bon bergerac, comme le château-bélingard ou de bons pécharmants, comme les **Châteaux de Tiregand** ou corbiac, avec leurs notes épicées, s'accorderont bien avec les truffes et les mettront en valeur. Essayez-les, par exemple sur une *galette de pommes de terre et truffes sauce périgourdine, un risotto aux truffes noires du Périgord, une tarte renversée aux truffes, à l'oignon et au lard fumé* ou encore un *pied de porc farci au ris de veau et truffes noires, pommes sarladaises.*

On trouve facilement dans cette région des bons petits rosés, bien souples et bien ronds ; faits à partir de cabernet-sauvignon, ce qui leur donne un caractère mordant et vif très agréable. Un bergerac blanc accompagnera bien des *œufs pochés Dordogne* (servis avec des truffes et une vinaigrette de ciboulette) ou les *coussinets de mozzarella et céleri rave à la truffe du Périgord, huile de basilic* que propose Geert von Hecke, un des plus grands cuisiniers belges, dans son trois étoiles de Bruges. Des accords intéréssants peuvent enfin être trouvés avec le **Monbazillac**, qui est un bon vin liquoreux, bien qu'il n'atteigne qu'exceptionnellement la concentration ou la longueur des grands sauternes. Dans certaines circonstances, c'est un atout : comme vin d'apéritif, il n'écrasera pas les vins servis après; il convient bien aussi au *foie gras poêlé avec des truffes*, voire à la *pomme de ris de veau en crépinette aux truffes noires et foie gras*[29] des plats avec lequels il vaut mieux éviter des vins trop riches. Souvenez-vous, en buvant du monbazillac des propos prêtés à Cyrano de Bergerac par Lucien Boyer :

«Mon nez, fit le poète en cachant une larme,
Si grotesque à Paris, en Dordogne a du charme :
C'est pour sentir la truffe et le Monbazillac.»

Monbazillac

29 - *Une excellente recette du restaurant Kunststuben, sur les bords du lac de Zürich.*

Madiran

Bien que **Madiran** ait été (en 1948) la première appellation contrôlée du sud-ouest, ce vignoble de vins rouges puissants, tanniques et épicés, considérés il y a un siècle comme des vins de haute gastronomie, revient de loin. En 1950 il n'y avait plus que 60 hectares en production contre 1500 aujourd'hui. La résurrection de ce beau vignoble est due au savoir-faire d'un certain nombre de producteurs qui ont réappris à travailler le tannat, un cépage régional très coloré et riche en tannins, pour faire des vins typiques et originaux.

Le cépage du madiran, le tannat, est en effet très sensible au rendement : au-delà de 45 hectolitres par hectare il donne des vins durs et tanniques, difficiles à boire. Pour faire de bons madirans, il vaut donc mieux récolter des raisins très mûrs provenant de vieilles vignes de tannat produisant peu... Quand il est jeune, le madiran a des arômes de fruits noirs (mûre, myrtille, cerise noire...) et présente souvent au nez des notes boisées (vanille, tabac blond) qui peuvent venir du cépage comme de l'élevage en fût. Avec le temps, il développera des arômes de cuir, d'épices, de sous-bois particulièrement savoureux, qui mettent bien en valeur sa texture dense et soyeuse. C'est alors un compagnon rêvé pour tous les plats de viande ou de gibier et –bien sûr – la gastronomie truffière du sud-ouest.

Jurançon

Le vignoble de **Jurançon** s'étend sur 700 hectares autour de la ville de Pau. Il produit des vins blancs secs et moelleux. Les cépages sont le gros manseng, qui possède une gamme aromatique étendue (fruits exotiques) et surtout le petit manseng, moins productif, à la peau épaisse et aux saveurs concentrées de fruits exotiques, de miel, de pain d'épice, mais aussi de menthe et de sureau. Les propriétaires de Jurançon aiment à rappeler qu'Henri IV, le premier roi Bourbon, fut baptisé au jurançon, son grand-père Henri d'Albret lui en ayant humecté les lèvres peu après sa naissance. Ajoutons que le même Henri d'Albret frotta ensuite les lèvres de l'enfant avec une gousse d'ail, ce que le royal nourrisson dut sûrement beaucoup moins apprécier...

Les vins de Jurançon associent la rondeur du moelleux à une pointe d'acidité qui leur donne beaucoup d'agrément et permet de les boire à table en compagnie de nombreux mets. De ce point de vue, les jurançons sont d'excellents «jokers» dans le domaine des accords mets-vins. On associera les secs avec de la charcuterie fumée, des coquillages, des crustacés et des poissons grillés. Le jurançon sec est un des rares vins blancs qui puisse accompagner des asperges et, par exemple, une *timbale d'asperges aux truffes*. Les moelleux se marieront bien avec le foie gras, comme les *ravioli de foie gras frais de canard au jus de truffe*, proposés aux «Jardins de l'Opéra» de Toulouse, mais aussi les volailles en sauce, les fromages persillés, les salades de fruits... Ils pourront être servis avec certaines cuisines exotiques surtout sur des plats de viandes blanches cuisinées avec des fruits (ananas) ou à l'aigre-doux.

Le Cahors

Le vignoble de Cahors a failli disparaître à la fin du siècle dernier, à cause du phylloxera et de la concurrence des vins du midi languedocien, moins chers à produire, qui parvenaient facilement à Paris par le chemin de fer. De 40 000 hectares, le vignoble passa à moins de trois cents. Sa renaissance, qui date de l'après-guerre, fut d'ailleurs très compromise par le gel de 1956, qui a menacé d'emporter définitivement ce qui restait de la splendeur passée. Un des grands artisans de la renaissance du cahors fut le Président Pompidou, qui contribua à le faire connaître sur les tables parisiennes et à le faire accéder en 1971 à la catégorie des appellations d'origine contrôlée.

Avant de connaître ses déboires, le vin de Cahors était très réputé : on le buvait à la cour du Tsar (c'était le breuvage préféré de Pierre le Grand), et il avait été choisi comme vin de messe de l'Eglise orthodoxe russe. On produit encore maintenant, dans une république méridionale de l'ex-URSS, un «Caorskoïe vino» fait à partir de plants de vigne importés du Quercy. Les Anglais, grands buveurs devant l'Eternel, appréciaient ce «black wine», qui servait aussi à renforcer les vins de Bordeaux lors des années pluvieuses.

Aujourd'hui, le consommateur (français et étranger) ne veut plus de gros rouge, il boit moins, mais des vins de qualité. A côté des appellations prestigieuses, difficilement abordables dans ce qu'elles produisent de meilleur, il y a la place pour de bons vins, typés et francs, qui évoquent la France profonde, tout en flattant le goût du consommateur. C'est l'image actuelle du vin de Cahors, et c'est la raison de son succès.

Ce succès repose aussi sur des atouts fondamentaux, qu'on ne retrouve pas dans toutes les régions viticoles. L'aire d'appellation Cahors dispose d'un bon terroir homogène, elle jouit d'un microclimat très favorable à la culture de la vigne, son encépagement est original, enfin tous ces atouts ont été renforcés par un dynamisme commercial d'autant plus remarquable qu'il s'est constamment renforcé au fil des ans.

Le grand cépage du Cahors, c'est l'auxerrois, aussi appelé **Malbec**. C'est sur le terroir du Cahors, où il est présent depuis vingt siècles, que ce cépage trouve son expression optimale[30]. Un vin doit contenir au moins 70% d'auxerrois pour avoir droit à l'appellation Cahors, mais les 80% sont souvent atteints. Les vins issus de ce cépage peuvent être durs dans leur jeunesse, et assez peu alcoolisés; d'où l'intérêt de lui adjoindre deux cépages complémentaires : le merlot (dans la proportion de 10 à 15%) et le tannat (5 à 10%). Le merlot apporte sa rondeur et sa souplesse, il permet un accès plus rapide au vin. Le tannat renforce l'aptitude au vieillissement et contribue à faire monter le niveau alcoolique de l'assemblage. Issu d'une région où la truffe prospère, le cahors est un

Malbec

Moulin de Lagrezette

Château de Lagrezette

Pigeonnier du Château Lagrezette

excellent vin truffier, surtout quand l'âge l'a assoupli. Les cépages qui le composent prennent au vieillissement des arômes d'humus et de sous-bois qui s'accordent très bien avec toutes les préparations à base de *tuber melanosporum*, surtout les plus rustiques et les plus proches du terroir, celles qui exaltent l'arôme de la truffe dans des plats simples (truffe sous la cendre, salade de truffes et de pommes de terre, pommes sarladaises).

Le grand homme de l'appellation est Alain-Dominique Perrin. Ce manager spécialisé dans les industries du luxe a donné un nouveau souffle à Cahors. Il produit plusieurs cuvées, comme le **Moulin de Lagrezette**, un cahors issu de jeunes vignes, léger, à boire frais avec la cuisine de tous les jours. Le **Château de Lagrezette**, en revanche est vinifié à la propriété. Il bénéficie du savoir-faire du grand œnologue bordelais Michel Rolland. Un vin équilibré et fin, aux tannins soyeux. Michel Rolland vinifie également Le **Pigeonnier du Château Lagrezette** qui a reçu le Trophée d'Or des Olympiades du vin, lors de VINEXPO 2001. C'est une micro-cuvée d'environ 6 000 bouteilles, composée à 100% de Malbec, un vin tout à fait exceptionnel, très concentré, avec de beaux arômes de fruits confits, d'épices, de cannelle et des notes de torréfaction.

30 - *Assez curieusement, le malbec a depuis quelques années une autre patrie : l'Argentine. Certains des plus grands vins argentins sont produits avec ce cépage.*

Les vins du Languedoc

Avec trois cent mille hectares de vignes (trois fois le Bordelais), et plus de vingt millions d'hectolitres produits chaque année, le vignoble languedocien est la plus grande région viticole du monde. A lui seul, il produit plus que les Etats-Unis ou l'Australie, presque autant que l'Espagne.

Cet immense espace viticole offre une diversité extraordinaire de vins.

De nombreux crus réputés du Languedoc correspondent à des appellations d'origine, offrant ainsi au consommateur sinon une garantie du moins une promesse de qualité (il s'agit des Corbières, Minervois, Saint-Chinian, Faugères, Coteaux du Languedoc etc...). Par ailleurs, l'apparition des «vins de pays» a introduit dans le vignoble une véritable révolution. Le décret ayant créé les vins de pays prévoit en effet que, dans chaque région viticole, le producteur fait son choix à l'intérieur d'une liste de cépages recommandés qui comprend non seulement les cépages traditionnels de la région, mais aussi les grands cépages classiques (chardonnay, cabernet-sauvignon...). Le fait est important, car l'amateur étranger (et même français...) qui achète pas trop cher un vin qu'il espère bon aime bien pouvoir faire son choix à partir d'un critère simple, et la notion de cépage satisfait à cette condition: on sait que le chardonnay sera un blanc sec mais pas trop acide, que le merlot sera rond etc...

Parmi les bons producteurs du Languedoc, on peut citer :

Château des Estanilles

Le **Château des Estanilles** (AOC Faugères, AOC Coteaux du Languedoc pour les blancs). Un domaine entièrement recréé par Michel Louison., qui aime à prendre pour modèle les vins de syrah du nord de la vallée du Rhône, comme le côte-rôtie. Par ailleurs, il produit également un vin blanc délicieux, un des meilleurs vins blancs du Languedoc. Essayez-le sur un *risotto au cresson, aux cuisses de grenouille et aux truffes blanches* ou *l'émincé de truffes fraîches sur une purée de potimarron* que proposent Jacques et Laurent Pourcel au «Jardin des Sens» de Montpellier ou encore *l'espuma de patata al tartufo* (écume de pommes de terre aux truffes) de Ferran Adria, le chef de El Bulli, le plus grand des trois étoiles espagnol, qui se trouve en Catalogne, à une cinquantaine de kilomètres de Perpignan.

Domaine Clavel

Le **Domaine Clavel** (AOC Côteaux du Languedoc). Historien tout à la fois précis et inspiré du vignoble languedocien, Pierre Clavel gère un superbe domaine de 52 hectares. Les vins qu'il produit sur un des meilleurs terroirs de la région prouvent que la notion de grand cru peut trouver ici sa place. La très réussie et très chaleureuse «Copa Santa» est un des plus grands vins de cette région. Formidable sur une *polenta alla raffaela* (avec des seiches et des truffes blanches).

Domaine de La Condamine l'Evêque

Le **Domaine de La Condamine l'Evêque**. (Vin de pays des Côtes de Thongue). Ici Guy Bascou travaille chez lui, car cet ingénieur agronome, oenologue réputé qui conseille de nombreuses propriétés a aussi ses propres vignes. Le résultat est stupéfiant. La cuvée Bascou, en rouge, à base de cabernet-sauvignon, est un des meilleurs vins de la région. En blanc, la cuvée prestige, à base de sauvignon, fermentée et élevée en fûts est vraiment extraordinaire. Un des deux ou trois meilleurs rapports qualité/prix du Languedoc. *Parfait avec des poireaux tièdes à la vinaigrette de truffe.*

Château de Lastours

Exploité par un Centre d'Aide par le Travail, le **Château de Lastours** permet de faire vivre 60 personnes handicapées et de les réintégrer dans le monde du travail. c'est aussi un très grand vin, un des meilleurs corbières, qui collectionne les médailles d'or et les prix d'excellence. A signaler, la cuvée Simone Descamps, aux arômes de baies noires, d'épices et de garrigue et le sublime Lastours 1990, étiquette blanche; qui a fait jeu égal avec château-latour dans une dégustation à l'aveugle organisée à Londres...Digne d'un *râgout de salsifis truffés sous pâte feuilletée.*

Château La Voulte-Gasparets

On reste au sommet avec le **Château La Voulte-Gasparets**, situé au coeur de l'appellation Corbières, sur un terroir d'exception. Le corbières du domaine est déjà très agréable, avec son nez de poivre, de cassis et de cannelle et sa belle longueur en bouche, mais il faut goûter la fantastique Cuvée Romain Pauc, issue de très vieilles vignes, dont certaines ont été plantées en 1905. Les rendements sont très faibles (20hl/ha). Il en résulte un vin au nez puissant de vanille et de poivre, complexe et d'une remarquable finesse, qui ira très bien avec des *ravioles de truffes aux copeaux de parmesan* ou un *foie de veau aux échalotes confites et aux truffes noires*.

Barral

Autre star montante du Languedoc, **Barral**, à Faugères. Barral est un génie de la vinification et aussi de l'élevage sous bois. Il produit un blanc, à base de terret et de viognier très original, avec beaucoup de gras et des arômes très purs, un rosé de saignée absolument succulent et d'étonnants vins rouges. Son Faugères «Tradition» est déjà délicieux, mais ses cuvées «Jadis» et surtout «Valinières», un concentré de mourvèdre élevé deux ans en barrique le placent au sommet de l'appellation. De très beaux vins, généreux et concentrés, iront bien avec des plats de cuisine «tendance sud» comme la *brochette au romarin, râble de lapereau aux raviolis de truffes* que prépare Dieter Müller dans son restaurant trois étoiles proche de Cologne (Le Schlosshotel).

Muscat de Frontignan

Il y a aussi dans le Languedoc des vins doux naturels de qualité qui sont d'excellents partenaires du *foie gras truffé* ou *des glaces à la truffe*, comme le **Muscat de Frontignan**, lequel accompagnera avec aisance des plats composés de saveurs salées et sucrées, comme les *petits pâtés d'agneau aux truffes noires et aux raisins de Corinthe*, qui ne sont pas sans évoquer les pâtés de Pézenas. Si vous êtes un être sensible et doué, vous partagerez peut-être en buvant une gorgée de muscat l'émotion de Colette : «*Je n'avais pas plus de trois ans lorsque mon père me donna à boire un plein verre à liqueur d'un vin mordoré, envoyé de son Midi natal : le Muscat de Frontignan. Coup de soleil, choc voluptueux, illumination des papilles neuves ! Ce sacre me rendit à jamais digne du vin.*»

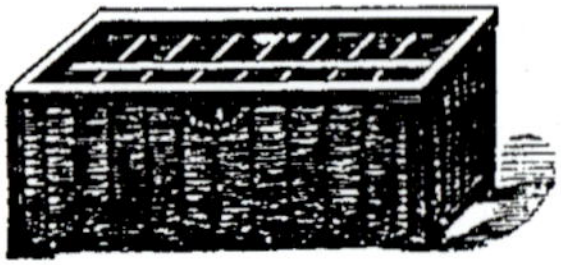

Le vignoble du Roussillon forme un vaste amphithéâtre bordé à l'Est par la Méditerranée, au Sud par la chaîne des Pyrénées et à l'Ouest par celle des Corbières. Cet ensemble se caractérise par l'extrême variété des sols, diversité qui se retrouvera dans les types de vins produits. Les **Côtes du Roussillon Villages** sont parfaits sur des plats de truffes un peu rustiques comme un *ragoût de truffes en cocotte*. Les **Collioures** sont vinifiés en rouge et en rosé. Quand ils sont bien faits ce sont des vins remarquables, épicés, chaleureux, bien colorés et très corsés, car les rendements sont faibles. Ils s'accordent particulièrement bien avec la cuisine catalane et de façon plus générale avec tous les plats qui demandent à être accompagnés par des vins puissants et corsés, comme par exemple un *pâté de sanglier truffé*.

Le Roussillon produit 85% des vins doux naturels français. Ils sont vinifiés suivant le principe du mutage, découvert en 1285 par Arnaud de Villeneuve, théologien, alchimiste et médecin, conseiller du Pape Clément V, qui a notamment écrit un traité de diététique dédié au roi d'Aragon. Le procédé consiste à arrêter la fermentation du jus de raisin en lui ajoutant de l'alcool neutre, dans une proportion de 5 à 10% du volume total. La fermentation alcoolique étant la transformation du sucre en alcool par l'action des levures, l'arrêt de la fermentation (l'ajout d'alcool tue les levures) permet de conserver une partie des sucres du fruit et donc d'obtenir des vins doux.

Côtes du Roussillon Villages

Collioure

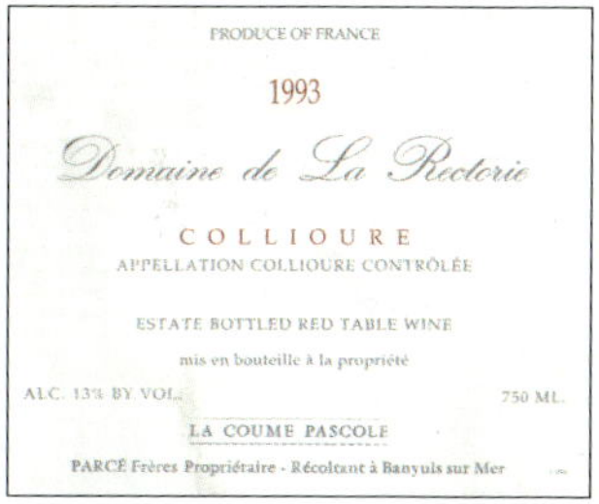

Les Rivesaltes et Muscat de Rivesaltes

Banyuls et Maury

A table, ces vins s'accordent merveilleusement avec les foies gras et certains fromages (Roquefort, bleus, Cantal...). **Les Rivesaltes et Muscat de Rivesaltes** accompagnent très bien les sorbets, les glaces, les desserts au goût d'agrumes ou de citron. Les **Banyuls et Maury** sont sans rivaux sur les préparations à base de chocolat. Ce sont de bons vins truffiers, car ils remplacent souvent le porto dans les préparations locales à base de truffes Essayez-les par exemple sur une *mousse de chevreuil au foie gras à la gelée de Banyuls* ou des *canards sauvages farcis aux figues et aux truffes* (les figues auront préalablement été marinées dans du banyuls ou du maury) ou encore de *cailles farcies aux pruneaux accompagnées de truffes noires* ou un *feuilleté de truffe noire avec son coulis au vieux banyuls*. On peut aussi mettre des truffes fraîches dans une bouteille de rivesaltes. Au bout de quelques semaines, le vin se sera imprégné du parfum de la truffe et on pourra l'utiliser pour de nombreuses recettes, par exemple pour déglacer la poêle quand on fait des foies gras de canard aux truffes.

VIN DE NOËL
MARQUE DÉPOSÉE
VIN DOUX NATUREL
APPELLATION
GRAND ROUSSILLION
CONTROLÉE
ÉLEVEURS:
Ets CLARAC Fres & CLAUZEL
SÈTE
MIS EN BOUTEILLES
PAR L'ACHETEUR
WETTERWALD - BORDEAUX

BIBLIOGRAPHIE

BAZIN, Jean-François
Les vins de Bourgogne, 1996 (Paris)
BEAUGE, Benedict
Aventures de la cuisine française, 1999 (Paris)
BETTANE, Michel & **DESSEAUVE**, Thierry
Le classement 2001 des vins et domaines de France, 2000 (Paris)
BLOND, Georges & Germaine
Histoire pittoresque de notre alimentation, 1960 (Paris)
BOURGUIGNON, Philippe
L'accord parfait, 1997 (Paris)
BROADBENT, Michael
The Great Vintage Wine Book, 1980 (London)
The Great Vintage Wine Book II, 1992 (London)
BURTSCHY, Bernard
Guide Malesan des vins de France, 2000 (Paris)
CASAMAYOR, Pierre
L'école de la dégustation, 1998 (Paris)
Les accords mets – vins
CASAMAYOR, Pierre & **MONTHEILET**, Hubert
Vignes et vignerons du soleil, 1994 (Paris)
CHATIN, AD.
La Truffe, 1892 (Paris)
CHEVALIER & FROCHOT
La truffe de Bourgogne
COATES, Clive
The wines of France, 1991 (London)
Grands Vins, the finest châteaux of Bordeaux and their wines, 1995 (London)
Côte d'Or, a celebration of the great wines of Burgundy, 1997 (London)
COURTINE
Balzac à table, 1976 (Paris)
Zola à table, 1978 (Paris)
DELPAL, Jacques-Louis
Accords gourmands, 1998 (Paris)
Comment marier les mets et les vins, 1999 (Paris)
DELPECH Laurens & **CAPDOUZE** Philippe
Bordeaux, (Paris)
Champagne (Paris)
DOVAZ, Michel
Encyclopédie des crus classés du Bordelais, 1981 (Paris)
Encyclopédie des crus bourgeois du Bordelais, 1988 (Paris)
Vins du siècle, 1999 (Paris)
Dictionnaire Hachette du Vin
DUCASSE Alain
Rencontres savoureuses, 1999 (Paris)
DUC-MAUGE, Bernard et **DUPLESSIS**, Bernard
Le livre de la truffe. Edisud, Aix-en-Provence, 1997.
DUJIKER, Hubrecht
The Great Wine Châteaux of Bordeaux, 1975 (London)
In collaboration with Michaël BROADBENT:
The Bordeaux Atlas and Encyclopedia of Châteaux, 1998 (London)
ETIENNE, Christian
La magie de la rabasse
FAITH, Nicholas
Château Margaux, 1980 (London)
Victorian Vineyard, 1983 (London)
Château Latour, 1992 (London)
The Winemakers of Bordeaux , 2000 (London)
FRIEDRICH, Jacqueline
Wine & Food Guide to the Loire, 1996 (New York)
FLACELIERE, Christian, **CHARRETON**, Christine & Bernard
Cent menus autour d'un vin, 1997 (Paris)
GUIDE DES VINS DES SOMMELIERS *2001 (Paris)*
HACHETTE
Guide Hachette 2001 des vins de France, 2000 (Paris)
JOHNSON, Hugh
The story of wine, 1989 (London)
The World Atlas of Wine, revised edition, 1994 (London)
The Vintner's Art, How Great Wines are made, 1992 (New York)
Wine Companion, 1997 (London)
Hugh Johnson's Modern Encyclopedia of Wine, fourth edition, 1998 (London)
LACHIVER, Marcel
Par les champs et par les vignes, 1998 (Paris)

LENORMAND, Joël
La Cinquième République aux fourneaux. Paris, 1999.
LICHINE, Alexis
Guide to the Wines and vineyards of France, revised edition, 1987 (London)
Encyclopedia of wines & spirits, revised edition, 1985 (London)
LYNCH, Kermit
Adventures on the wine route, a wine buyer's tour of France, 1988 (New York)
MASTROJANNI, Michel
Les vins de garde, la longue vie des grandes bouteilles, 1996 (Paris)
MAYLE, Peter
Acquired tastes, 1992 (London)
MESPLEDE, Jean-François
Trois Etoiles au Michelin, une histoire de la haute gastronomie française. Gründ, Paris, 1998.
NORMAN, Remington
The great domaines of Burgundy, 1997 (London)
Rhone Renaissance, 1995 (London)
NUSSWITZ, Philippe
L'accord des mets et des vins, 1991 (Lucerne)
ORHON, Jacques
Harmonisez vins et mets, le guide des accords parfaits, 1994 (Montréal)
PARKER, Robert
Bordeaux, revised edition, 1998 (New York)
Wines of the Rhône Valley, revised edition, 1997 (New York)
Burgundy, revised edition, 1993 (New York)
Parker's Wine Buyer's Guide 1996-1997
PEBEYRE, Pierre-Jean et Jacques
Le grand livre de la truffe, 1998 (Paris)
PEYNAUD, Emile
Le goût du vin, 1980 (Paris)
PITTE, Jean-Robert
Gastronomie française, histoire et géographie d'une passion, 1991 (Paris)
PUISAIS, Jacques
Le goût juste, 1985 (Paris)
De RABAUDY, Nicolas
Dîners de rêve, 1993 (Paris)
Magie des grands restaurants d'Europe, 1999 (Paris)
De RABAUDY, Nicolas & **POUTEAU**, Jean-Luc
Le mariage des mets et des vins, 1986 (Paris)
De RABAUDY, Nicolas & PUISAIS, Jacques
Le goûteur et le voluptueux, 1996 (Paris)
RAY, Cyril
Bollinger, tradition of a Champagne family, 1995 (New York)
(An updated version, revised by Serena Sutcliffe)
REVEL, Jean-François
Un festin en paroles: la sensibilité gastronomique de l'Antiquité à nos jours, 1985 (Paris)
ROBINSON, Jancis
Vintage timecharts, 1989 (London)
Jancis Robinson's wine course, 1995 (London)
Confessions of a wine lover, 1997 (London)
ROCCHIA, Jean-Marie.
Des truffes en général et de la rabasse en particulier. Barthélémy, Avignon, 1995.
Le maire, les truffes et le parisien. Barthélémy, Avignon, 1996.
ROCCHIA, Jean-Marie et **RAVAZZI**, Giorgio
La truffe. Paris, 1999.
ROCCHIA, Jean-Marie et **ROSSINI**, Gérard
Petite anthologie culinaire de la truffe. Éd. Équinoxe, 1997
ROUFF, Marcel
La vie et la passion de Dodin-Bouffant, gourmet, 1924 (Paris)
SAVIGNAC, Jean-Charles, **OLIVIER**, Jean-Marc & **SOURZAT**, Pierre
Truffe et trufficulture. Périgueux 1996
SBOLGI-GUINET, Martine
Délicieuse Truffe de Bourgogne
SCHOONMAKER, Frank
Encyclopedia of wine, 1964 (New York)
SEELY, James
Great Bordeaux Wines, 1998 (London)
SENDERENS, Alain
Le Vin et la Table, 1999 (Paris)
SIMON, Joanna
Wine with food, 1996 (London)
STEVENSON, Tom
The New Sotheby's Wine Encyclopedia, 1998 (London)
World Encyclopedia of Champagne and sparkling wine, 1998 (London)
TOUSSAINT-SAMA, Maguelonne
Histoire naturelle et morale de la nourriture, 1987 (Paris)
WOUTAZ, Fernand
Guide du vin, 1995 (Paris)

Table des matières

REMERCIEMENTS

JEAN-MARIE ROCCHIA REMERCIE :
MARIE-HÉLÈNE ISSERT, PIERRE SOURZAT, JEAN-PIERRE OMAGGIO, JACQUES MANREZA, ÉRIC ROUX, VINCENT FERNIOT, MICHEL JALADE, JEAN-CHARLES SAVIGNAC, ROLAND SABATIER, CLAUDE VEYRAC.

LAURENS DELPECH REMERCIE :
CHATEAU ANGELUS
CHATEAU DE BEAUCASTEL
BOLLINGER
BOUCHARD PERE & FILS
CHATEAU BRANAIRE
CHATEAU CANON LA GAFFELIERE,
CHATEAU CARBONNIEUX
DOMAINE DE CHEVALIER
CHATEAU COS D'ESTOURNEL
DOMAINE DE LA ROMANÉ-CONTI
DOMAINE FAIVELEY
CHATEAU DE FARGUES
CHATEAU DE FIEUZAL
CHATEAU FIGEAC
CHATEAU GAZIN
DOMAINE GUIGAL
CHATEAU HAUT-BAILLY
CHATEAU D'ISSAN
PAUL JABOULET AINÉ
CHATEAU KIRWAN
KRUG
CHATEAU LAFITE-ROTHSCHILD
CHATEAU LAFON-ROCHET
CHATEAU LAGRANGE
CHATEAU LAROZE
CHATEAU LATOUR-MARTILLAC
MAISON OLIVIER LEFLAIVE
MAISON LOUIS JADOT
CHATEAU LYNCH BAGES
CHATEAU MOUTON-ROTHSCHILD
DOMAINE PERRIN
CHATEAU PHÉLAN-SÉGUR
CHATEAU PICHON-LONGUEVILLE
CHATEAU PICHON-LONGUEVILLE COMTESSE DE LALANDE
CHATEAU PONTET-CANET
CHATEAU POUJEAUX
CHATEAU RIEUSSEC
CHATEAU ROLLAN DE BY
ROEDERER
DOMAINE DU COMTE SENARD
CHATEAU SMITH HAUT LAFITTE
CHATEAU D'YQUEM

AUTRES REMERCIEMENTS
COLLECTION PRIVÉE DE M. JEAN-CHARLES SAVIGNAC

LES ÉDITIONS ÉQUINOXE REMERCIENT :
CHAMPAGNES MERCIER, DOMAINE DE LAGRÉZETTE et tout particulièrement GÉRARD ROSSINI

Achevé d'imprimer en décembre 2001
sur les presses de l'Imprimerie Grafiche Zanini
à Bologne (Italie)